图书馆数字视音频资源加工与数据制作

季士妍 ▶ 著

西南交通大学出版社

·成 都·

图书在版编目（CIP）数据

图书馆数字视音频资源加工与数据制作 / 季士妍著
. —成都：西南交通大学出版社，2022.7
ISBN 978-7-5643-8770-9

Ⅰ.①图… Ⅱ.①季… Ⅲ.①图书馆 – 数字音频技术
Ⅳ.①G255.73

中国版本图书馆 CIP 数据核字（2022）第 118187 号

Tushuguan Shuzi Shi-Yinpin Ziyuan Jiagong yu Shuju Zhizuo

图书馆数字视音频资源加工与数据制作　　季士妍　著　　责任编辑　　郭鑫鹏
　　　　　　　　　　　　　　　　　　　　　　　　　　　　封面设计　　原谋书装

印张　16.25　　字数　230千	出版发行　西南交通大学出版社
成品尺寸　170 mm×230 mm	网址　http://www.xnjdcbs.com
版次　2022年7月第1版	地址　四川省成都市二环路北一段111号 　　　西南交通大学创新大厦21楼
印次　2022年7月第1次	邮政编码　610031
印刷　成都蜀雅印务有限公司	发行部电话　028-87600564　028-87600533
书号　ISBN 978-7-5643-8770-9	定价　69.00元

图书馆是文献资料的保存单位，更是文献资料的服务单位。视频、音频类资源因富含影像、声音的形式，与传统的文字类、图像类资源相比，更具有内容形象化、形式娱乐化、受众大众化等特点。特别是随着互联网技术的发展与进步以及影音记录设施设备的发展与普及，视频、音频类文献呈现出富媒体化、原生性数字资源增量迅速、网络传播快速、用户需求量增长等特点，这些发展趋势为图书馆采集、建设、保存、使用视音频文献提出了持续性的需求和挑战。因此，在图书馆馆藏体系建设中，视音频文献属于必不可少的一类资源；在图书馆数字化建设中，数字视音频文献资源是凸显图书馆馆藏特色、体现时代特征、有效保存早期珍贵视音频资料的必不可少的一类资源。

图书馆所藏的视频、音频类资源既有具有实体载体的视频、音频文献，又有只有数字形式的视音频资源。图书馆馆藏常见的实物类视音频文献，包括密文唱片（Long Playing Record，LP）、录音带（Compact Audio Cassette）、激光唱盘（Compact Disk，CD）、录像带、激光视盘（Laser Disc，LD）、视频压缩盘（Video Compact Disc，VCD）、数字视频光盘（Digital Video Disc，DVD）、高密度视频光盘（Video High Density，VHD）、电影胶片等。其来源包括各类视音频出版物，电视资料，广播资料，视听资料生产单位等制作未公开发表的视听资料（艺术院校的资料和演出的现场资料等），档案视听资料，图书馆自建视听资料，图书馆拍摄的自行举办的各类讲座、活动的视音频资料，以及与视听资料配套的其他文献资料（如介绍海报、封面、封底等），等等。

与此同时，图书馆均会保存有大量的数字视音频资源。就产生的来源而言，数字视音频资源包括将传统载体的视音频资源经数字化加工后形成的数字产品以及原生的各种数字视音频资源，即以数字形态产生的视音频资源。数字视音频在内容形式上，有乐音类，如歌曲、器乐演奏、配乐、戏曲、戏剧等；也有语音类，如教学、电影、电视、相声、访谈、有声阅读、移动听书等；还有一些其他类型，如配乐朗诵等多类型混合，以及如自然界的雷电声、水流声等非乐音、非语音的类别。就图书馆获取的渠道来说，数字视音频资源包括图书馆通过数字化加工手段建设的数字资源，图书馆自己拍摄录制的数字资源，购买引进的商业化数字资源，通过缴存、捐赠、网络采集等渠道获得的数字资源等。数字视音频的出现，突破了传统载体的限制，能够以更加丰富的方式在世界范围内利用和传播；同时突破了地域的限制，分布在不同物理空间的各种资源能够以数字形式集成在一起，更加有利于资源共享。

随着时代的发展，图书馆保存的具有实体载体的视音频资源面临着保存空间有限、保存环境不适、实体载体缺乏播放使用设备、用户需求增长不易满足等困难与挑战；此外，随着科技的发展特别是互联网技术的兴起与普及，影音记录传输设备的飞速更迭，广播、电视、电影等传统视听资源制作部门的空前发展，社交网络及移动应用的广泛应用，使得声音、影像成为人们日常交流的重要方式，图书馆保存的视音频资源在数量、种类、来源等维度均呈现快速增长的趋势。因此，可以说，视音频资源的数字化建设是各个图书馆馆藏资源体系化建设的重要组成部分，更是各个图书馆都会涉及的一项业务工作。

为了更好地指导图书馆开展视音频资源数字化加工与建设，明确建设流程，清晰建设方法，了解并熟悉建设所遵照的元数据及对象数据规范标准，笔者将多年来的理论研究及工作实践进行了总结归纳，通过细分析、做示范、举例子，对图书馆视音频资源数字化建设业务工作中涉及的规范标准、数字化加工流程进行了详细讲述。特别选择了多个实际视音频资源进行了元数据著录的举例和讲解，以兹让本书使用者在对理论理解的基础上，可以在自己实际业务工作中进行查询和参考，有实际的指导作用。

本书内容共分五部分。第一部分为第 1 章，对视音频资源建设相关标准规范及应用现状进行了调研和分析，从视音频元数据、视音频对象数据两个角度分别调研了国际与国内的研究现状，并从图书馆的工作实际出发，对视音频对象资源数字化建设中选择技术参数的原则进行了分析和总结。第二部分包括第 2 章和第 3 章，分别对数字视频对象数据和数字音频对象数据进行分析，从数字化加工前期准备、数字化加工处理、质量管理、对象数据标记、对象数据的保存与利用五个角度较为系统完整地介绍了数字视频、音频对象数据加工流程及管理。此外，还以笔者工作实践中总结出一些视频对象资源数字化加工中常见的问题为例，介绍了常见的技术问题。第三部分包括第 4 章、第 5 章和第 6 章，从数字视音频元数据设计、数字视音频元数据规范详解、数字视音频资源元数据制作样例等方面，系统化地详细介绍了数字视音频资源的元数据的每一个元素项。不但有数字视音频资源元数据分析，还有每一个元素项的标签、定义、说明、出处和使用说明以及示例，不但清晰地解释了元数据中每一个元素项，而且还结合已有的数字视音频资源元数据规则，与本书所述数字视音频资源元数据术语进行了对照与映射，整理出视频资源元数据映射表以及音频资源元数据映射表。此外，本书选择业务实践工作中制作管理的公开课讲座视频资源、听书音频资源作为样例，较为详细地制作了三个层级的视频元数据和音频元数据。第四部分为第 7 章，笔者以实际工作中自主研发的一套"视音频资源元数据管理系统"为例，为其他图书馆和机构提供相关工作借鉴。第五部分为附录部分，笔者汇集了与数字视音频资源相关的标准、主要技术指标以及技术性应用情况。

本书从起草到出版共花费了三年时间，这期间有很多专家和老师给予了帮助，作者在此表示感谢。感谢王丽在第 1 章对象数据规范及应用现状的调研工作；感谢李一秀在第 4 章、第 5 章中的工作与贡献。同时，也向笔者所在部门和科组相关项目组同事表示感谢。本书在成书过程中，难免存在不足之处，在此敬请同行专家和广大读者批评指正。

季士妍

2022 年 4 月

视音频资源建设相关标准规范及应用现状

　　标准规范作为数字资源建设的基础，是开发利用与共建共享资源的基本保障，也是保证数字资源及其服务在整个数字信息环境中可利用、可互操作和可持续发展的基础。

　　从 2005 年起，依据数字资源生命周期全流程管理，国家数字图书馆工程先后建设并发布了 12 大类（含 34 个子项目）的数字资源相关标准规范[1]，涵盖数字资源创建、加工、描述、组织、服务、管理及保存相关环节，包括汉字规范处理、唯一标识符、对象数据加工标准与工作规范、元数据总则、专门元数据规范、知识组织、资源统计、长期保存、管理元数据。这套标准规范体系及其规范成果，不仅指导着国家图书馆的各种类型资源数字化建设和服务，也对全国文化信息资源共享工程、数字图书馆推广工程的标准规范体系[2]建立与应用起到示范引领作用。在指导实际业务工作的基础上，这套规范中的部分标准已上升为文化行业标准和国家标准。文化行业标准包括[3]：WH/T 48—2012《数字对象唯一标识符规范》、WH/T 45—2012《文本数据加工规范》、WH/T 46—2012《图像数据加工规范》、WH/T 49—2012《音频数据加工规范》、WH/T 51—2012《图像元数据规范》、WH/T 62—2014《音频资源元数据规范》、WH/T 63—2014《视频资源元数据规范》、WH/T 65—2014《电子图书元数据规范》、WH/T 64—2014《电子连续性资源元数据规范》、WH/T 66—2014《古籍元数据规范》、WH/T 68—2014《学位论文元数据规范》、WH/T 50

—2012《网络资源元数据规范》、WH/Z 1—2012《图书馆数字资源长期保存元数据规范》、WH/T 72—2015《图书馆数字资源长期保存信息包封装规范》、WH/T 52—2012《管理元数据规范》。国家标准包括：GB/T 31219.2—2014《图书馆馆藏资源数字化加工规范 第 2 部分：文本资源》、GB/T 31219.3—2014《图书馆馆藏资源数字化加工规范 第 3 部分：图像资源》、GB/T 31219.4—2014《图书馆馆藏资源数字化加工规范 第 4 部分：音频资源》、GB/T 31219.5—2016《图书馆馆藏资源数字化加工规范 第 5 部分：视频资源》。

数字视音频资源制作在图书馆领域已有一定历史，起初主要是为了方便获取和使用音频资源，后来出于对文化遗产进行抢救性保护的考虑，以及针对数字音频制作中操作欠规范、多种标准并存等现象，国际上一些国家和地区开始成立相关机构或组织，或联合设立专项项目，对数字音频制作进行探索和研究。

为了便于本书读者学习与了解，现将与数字视音频资源加工与制作相关的国内外标准规范的研究、发展情况进行了整理与分析，供参考。

1.1 元数据规范及应用现状

为应对迅猛增长的视音频内容发现需要，元数据作为一种有效的资源组合和检索利用方法，吸引了各领域专业人员的重视。为了有序地进行描述和组织，IEEE、音频工程协会以及美国国会图书馆等一些图书馆机构研究利用元数据对视音频资源进行描述和管理，同时利用一些有效的信息资源组织方法和开放机制使其增值，进一步推动资源的传播和利用。

1.1.1 国外研究及应用现状

随着视音频电子资源迅猛发展，视音频资源的类型也逐渐呈现出多样化的趋势。从模拟信号磁介质到光介质，再到现在的数字信息文件，视音频电子资源在各类型图书情报机构与档案馆等信息资源服务机构馆藏所占比重不断增加。为满足视音频资料的描述需要，国际图联（International Federation of

Library Associations and Institutions，IFLA）[4]、国际电影资料馆联合会（Fédération Internationale des Archives du Film，FIAF）[5]、国际音像资料协会（International Association Of Sound and Audiovisual Archives，IASA）[6]、录音资料协会（Association for Recorded Sound Collections，ARSC）[7]、美国图书馆协会（American Library Association，ALA）[8]等组织和机构很早就开始建立相关的著录规则。早在 1972 年，联合国教科文组织的《公共图书馆宣言》就强调音像制品对公共图书馆的重要价值。1973 年，IFLA 专门成立了视听资料的圆桌会议，讨论视音频信息资源馆藏建设，并于 1987 年发布《非书资料国际标准书目著录》[9]，音像媒体作为"非书资料"的一种形式开始有了正式的著录规则。此后，其他国际组织或机构也陆续制定针对视音频资料的相关规则，例如录音资料协会（ARSC）主编的 *Rules for Archival Cataloging of Sound Recordings*（《录音档案著录规则》，1995 年修订版），国际电影资料馆联合会（FIAF）的 *The FIAF Cataloguing Rules for Film Archives*[10]（《FIAF 电影档案著录规则》，1991 年），美国图书馆协会（ALA）主编的 *Guidelines for Bibliographic Description of Interactive Multimedia*[11]（《互动多媒体书目著录指南》，1994 年）和 *Anglo-American Cataloguing Rules*[12]（《英美著录条例》，第 2 版），国际音像资料协会（IASA）主编的 *The IASA cataloguing rules：a manual for description of sound recordings and related audiovisual media*[13]（《IASA 著录规则：声音记录及相关音像媒体著录手册》，1999 年）以及国际图联（IFLA）的 *International Standard Bibliographic Description for Non-Book Materials*[14]（《非书本电子资源书目著录国际标准》）等。

这些著录规则编制之初都是基于物理介质的视音频资料资源制定的。随着互联网技术、网络多媒体技术、信息传输技术的不断发展和普及，传统的著录规则难以满足数量和种类上都迅猛增长的视音频资源发展需要和用户的使用需求，更加凸显出传统的著录规则对视音频数字资源的描述的不适应性和缺乏性。为了适应网络环境下人们对视音频资源描述、组织和利用需求，一些国际机构和组织开始制定新的元数据方案，以美国、澳大利亚、欧洲等国家和地区为代表的图书馆、高等院校和研究机构积极开展视音频元数据相关项目，自主研制或联合开发视音频元数据方案，制定元素集。美国国会图书馆实施了"视音频元数据"示范工程（AV Prototyping），包括 audioMD 与 videoMD 音频、视频子项目，制定了详细的技术细节描述[15]，可以视为 METS 管理元数据或 PREMIS 里的扩展。视频开发计划应用纲要 ViDe（Video Development Initiative Application Profile）是针对数字视频的大型项目，该项目制定了 *ViDe User's Guide: Dublin Core Application Profile for Digital Video*[16]，针对数字视频基于都柏林核心元数据集构建元数据。该项目中的元数据元素全部直接复用 DC 核心元数据元素集，同时也自定义了一些修饰词，如"日期"元素添加修饰词"撤回日期"（Withdrawn），表示视频课程结束，视频被收回；"描述"元素添加修饰词"类别"（Genre），ViDe 给出了一个类别清单，包括课堂讲座、舞蹈表演、纪录片、音乐演出等28个类别；"权限"元素添加修饰词"访问"（Access）、"复制"（Reproduction）等。项目还制定了元数据元素与MARC21格式相应字段、子字段之间的映射关系，进而可以支持数据转换。

一些大型国际合作项目，例如联邦机构数字化指南倡议（Federal Agencies Digitization Guidelines Initiative，FADGI）[17]、国际多媒体数字图书馆工程（Multimedia International Digital Libraries，MIND）等，均对数字视音频资源元数据非常重视。FADGI 是由美国国会图书馆发起的一项合作项目，成立于 2007 年，参与机构包括军事历史研究所、国防信息可视化委员会等 18 个联邦机构。FADGI 的工作主要集中在图像和影音，成立了专门的静态图像工作组和音视频工作组。静态图像工作组致力于地图、照片以及图书和手稿里的图片内容，音视频工作组致力于声音、视频、电影等内容。近年来，FADGI 项目扩大了范围，原生性数字内容也被纳入了项目范围。2017 年 1 月，项目名称由过去的"联邦机构数字化指南倡议"（Federal Agencies Digitization Guidelines Initiative）变更为"联邦机构数字指南倡议"（Federal Agencies Digital Guidelines Initiative），进而覆盖更广泛的数字图像和影音资源。该项目有专门的元数据小组，为广播 WAVE 文件、数字静态图像等制定内嵌元数据指南，并开发了 BWF MetaEdit[18]等工具以支持用户使用。MIND 是由英国、美国、意大利多国大学联合开发，工程专门安排有视音频元数据研究，涉及元数据抽取、资源描述自动生成等多项内容。

已经成为国际标准化组织（ISO）正式标准的动态图像专家组（Moving Picture Experts Group，MPEG）[19]，针对多媒体电子文件描述制定的多媒体内容描述接口（Multimedia Content Description Interface，MPEG-7），将声音、静态图像、动态图像等多种类型以及多类型组合的多媒体信息进行标准化、规范化描述，提取资源对象的各方面特征。MPEG-7 的核心理念是分层描述，通过人工或自动抽取的内容特征，按照不同的语义级别，建立分层结构的数据模型。它同时规定了基于 XML Schema 的描述定义语言。

EUscreen 是由欧洲视听档案馆、公共广播机构、学术与技术合作伙伴共同建立的视听遗产项目[20]，汇集了自 20 世纪以来重要的社会、文化、政治和经济事件的视听资源。EUscreen 同时也支持日常电视节目的访问和描述。EUscreen 元数据基于欧洲广播联盟核心元数据集合（EBU Core Metadata Set，EBUCore[21]）建立，借鉴 EBUCore 中众多元素和结构。用于描述视听内容的 EUscreenXL 元数据模型由 45 个元素集构成，包括提供者（provider）、权限条款及条件（rightsTermsAndConditions）、名称（title）、系列或集合名称（seriesOrCollectionTitle）等多种元素。由于 EUscreenXL 项目的遴选内容重点是系列和集合，因此引入了两种不同的记录类型：（1）系列和/或集合；（2）单件和/或片段。两种不同记录类型各自有一组经过定义的必备和可选要求：系列和/或集合类型，设置有 28 个元素（15 个必备元素，13 个可选元素）；单件和/或片段类型，有 32 个元素（15 个必备元素，17 个可选元素）。EUscreenXL 向 EUscreen 平台提供视听内容和元数据，同时，也从内容合作伙伴中汇集记录并直接向 Europeana（欧盟数字图书馆）交付汇集后的百万条记录和视听内容（见图 1-1）[22]。EUscreenXL 具有较高的互操作性，与 Europeana 数据模型（EDM）和 EBUCore 均建立了映射关系，并且经由 EBUCore 本体 RDF（Resource

Description Framework，资源描述框架）形式化表示，支持将 EUscreenXL 元数据作为关联数据发布，从而保障了其更广泛的语义互操作[23]。

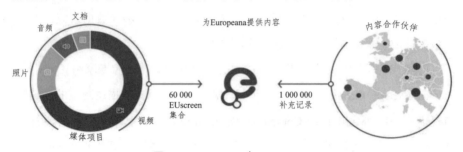

图 1-1　EUscreen 与 Europeana

　　总体而言，国外对视音频资料的相关元数据建设呈现出多元化的局面，可以归纳为两种形式：一是复用现有的、通用的元数据方案，或在其基础上进行适当扩展；二是根据资源特征和描述、服务需求，设计自己的元数据方案。在元数据制作上，呈现出多元化的格局。目前，国外主流信息资源服务机构都采用或复用已有的元数据方案形式，将 DC 核心元素集元数据作为首选的元数据方案。国外 ViDe、The Music Brain[24]等直接复用了 DC 的 15 个核心元素。其他元数据方案中也使用与 DC 相近的元素。视音频资源元数据简单易用、支持扩展，不同类型的视音频资料信息资源根据其特征揭示、使用需求、用户群、检索和服务方面的特殊需要，都可以基于 DC 进行适当扩展，进而体现元数据的准确性、通用性。

1.1.2　国内研究及应用现状

　　当前，我国视音频相关的国家标准主要有：GB/T 3792.4—2009《文献著录　第 4 部分：非书资料》[25]、GB/T 3792.9—2009《文献著录　第 9 部分：电子资源》[26]。前者标准适用于以声音、图像、文字等方式记录在磁性或感观材料上的信息资源应用，包括录音制品、录像制品、电影制品、缩微品等；后者标准适用于计算机控制的电子资源应用，包括交互式的多媒体资源、网络访问的视音频资源等。

国内视音频著录相关的行业标准包括：原广电总局颁布的 GY/T 202.1—2004《广播电视音像资料编目规范　第 1 部分：电视资料》[27]、GY/T 202.2—2016《广播电视音像资料编目规范　第 2 部分：音频资料》[28]。这两个标准适用于广播电视节目各环节音像资料著录，规定了统一的元数据著录结构、层次、著录项、使用规则和数据表示。其中，GY/T 202.1—2004《广播电视音像资料编目规范　第 1 部分：电视资料》将著录对象分为节目层、片段层、场景层、镜头层 4 个层次（见图 1-2）。"节目"指具有独立主题意义、已经制作完成的完整视音频资料；"片段"指节目或素材中一段连续的视音频，由一个以上相关联场景构成；"场景"指节目或素材中背景或场面不变的一段连续视音频，由时间或空间上相关的一个或多个镜头构成；"镜头"指同一个摄像机一次摄录的连续画面。各层次的元数据继承了视音频资源元数据一些元素，并根据实际需求作了扩展。其中，"节目层"共有 15 个元素，全部复用 DC 核心元素；"片段层"共有 11 个元素，去除出版者、版权、日期、标识符；"场景层"共设置 5 个元素，分别为题名、主题、描述、格式、关联；"镜头层"共设置 6 个，分别为题名、主题、描述、日期、格式、关联。元数据明确基于 XML 规范的著录信息内容格式。GY/T 202.2—2016《广播电视音像资料编目规范　第 2 部分：音频资料》将著录对象分为集合层、个体层、分析层三种著录单元，集合层为一组个体层音频文件；个体层为可标记的独立音频文件；分析层为个体层中的析出单元，便于更好地对资源进行组织。

中华人民共和国科学技术部项目"我国数字图书馆标准规范建设"制定了包括音频资料元数据在内的多种专门元数据规范，对于视频资源，将其视为图像资源的一种形式，即动态视觉资料[《图像与视频元数据规范现状与发展趋势研究》（征求意见稿）[29]，项目编号：2005DKA43503，2007 年提交]。对于音频资源，制定了《音频资料描述元数据规范》[30]，复用视音频资源元数据 15 个元素作为核心元素，同时设置版本、背景、受众、源载体 4 个视音频系列核心元素，还设置了两个音频资料的个别元素：乐谱说明和乐句。此外，该规范还注重元数据的开放性需求，加强了各种元数据方案的互操作和易转换性。

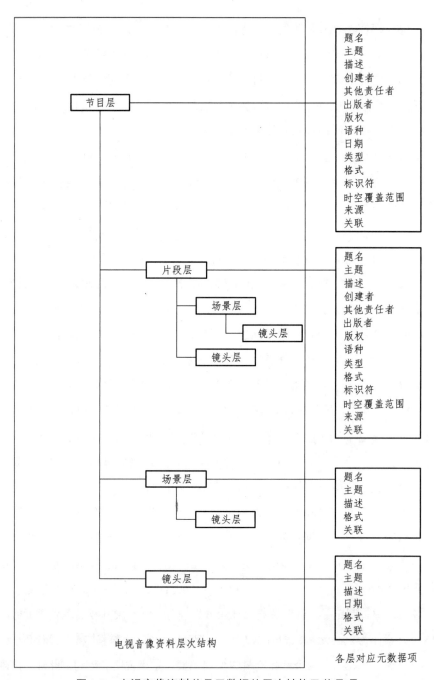

图 1-2　电视音像资料著录元数据的层次结构及著录项

国家数字图书馆工程中，围绕音频和视频资源制定了"国家数字图书馆工程专门元数据标准及著录规范——音频资源""国家数字图书馆工程专门元数据标准及著录规范——视频资源"项目，编制国家图书馆视音频元数据规范及其细则《国家图书馆音频资源元数据规范与著录规则》[31]及《国家图书馆视频资源元数据规范与著录规则》[32]。同科技部专门元数据规范一样，国家数字图书馆工程制定的音频规范、视频规范均复用视音频资源元数据元素为核心元素，同时设置视音频核心元素和音频及视频各自的个别元素。对于著录单位，规范根据视频、音频资源特点分为三种著录单位，即集合层、个体层、分析层，三种著录单位分别著录，以便于表现各部分之间的层级关系，更好地组织视频或音频资源。集合层以系列资源或资源集合为单位著录；个体层以具有独立标识、可以单独使用的单独数字视频或音频文件，或者以一种单层次的实体视频、音频资源，多件实体视频、音频资源的各件作为著录单位；分析层以个体层中析出的信息为单位著录。元数据内容以XML及其相关语法结构进行编码，并通过命名域注明元素来源，具有比较好的开放性和互操作性。

"国家公共文化数字支撑平台数字资源标准规范"项目对公共数字文化项目中比较常见的视频、音频、图像资源也制定了元数据规范和著录规则[33]。元数据规范由21个元素和108个修饰词构成。除"版本""受众""源载体"以外，为每一个元素都设置了修饰词。对于视音频资源中比较鲜明的个性特征在"格式"和"描述"元素中增加了多个修饰词，"格式"下设置了21个元素修饰词，"描述"下设置了13个元素修饰词。同时，特别重视"权限"信息描述，在"权限"元素下设置了9项元素修饰词。著录单位同样分集合层、个体层、分析层三个层次对视音频资源进行描述和揭示。

CADAL（大学数字图书馆国际合作计划）项目元数据标准根据不同的文献类型制定了12个子规范，其中，针对视、音频资料分别制定了专门的元数据标准规范，分别是CADAL 10224—2012《音频资料描述元数据标准规范》和CADAL 10226—2012《视频资料元数据规范与著录规则》[34]。对于著录对象，

CADAL 10224—2012《音频资料描述元数据标准规范》特别指出，同一作品的音频资料的不同的演绎版本和制作版本原则上都应该视为不同的著录对象。对于元数据的构成，该规范复用了 15 个 DC 元素作为核心元素。此外，为满足著录需要，又为其中的 7 个元素增设了 19 个元素修饰词以进一步明确和限定元素的语义（见表 1-1）。

表 1-1　音频资料中设有元素修饰词的 7 种元素

元素	元素修饰词
题名（title）	交替题名（alternative）
创作者（creator）	创作方式（role）
描述语（description）	专业属性（specialQuality）
	子项列表（tableOfContent）
	体裁归属（genre）
	风格描述（style）
参与者（contributor）	参与方式（role）
生成/发布时间（Date）	作品生成期（created）
	资源发布期（issued）
形式指标（format）	规模幅度（extent）
	技术细节（technique）
相关资源（relation）	包含（hasPart）
	包含于（isPartOf）
	参照（references）
	被参照（isReferencedBy）
	其他版本（hasVersion）
	原版本（isVersionOf）
	其他格式（hasFormat）
	原格式（isFormatOf）

国内视音频相关元数据工作相对国外而言规模较小。2003 年，上海交通大学参与的国家自然科学基金项目"中华文化数字图书馆全球化的理论、方法和技术研究"中，提出音乐元数据方案，基于视音频资源元数据标准的框架下对其进行了扩展，增加 Music Instrument（乐器说明）、Score（乐谱说明）、Range（音域）、Key（调）、Voice（声部）等音乐专门技术特征的一些属性。上海交通大学图书馆制定的"中国民族音乐数据库元数据标准"（Chinese Music Database Metadata Standard，简称 CMD-DC）继承了视音频资源元数据，同时还借鉴了美国可视资源协会（Visual Resources Association，VRA）制定的 VRA Core Categories（VRA 可视资源核心类目）、北京大学古籍数字图书馆拓片元数据标准（RBDL Rubbing Metadata Version 1.0）以及清华大学建筑数字图书馆元数据（THADL Metadata 1.1），共设置创建者、主题与关键词等 15 个元素以及 22 个限定词，元数据采用 XML 格式。国防科技大学与香港中文大学联合开发的数字视频管理系统 iView，广播电影电视部的国家音像资料馆数字节目存储库项目，国家图书馆与北京大学图书馆分别拥有独立的视音频数据库以及在线点播系统。

通过前面所述，可以看出伴随我国数字图书馆建设，元数据作为信息组织的重要工具已经取得国内相关行业的重视。国内视音频数字资源元数据标准规范建设稳步开展并呈现多元性特征。笔者选择了多项国内大型视音频专门数字资源元数据规则，从这些元数据规则的制定时间、著录对象、著录单位、著录信息、内容结构、元素使用、著录标识符的规定、与 DC 映射的规定、著录用文字、描述语言、工具及应用系统、是否建立与其他元数据的映射以及规则本身的特点几个方面进行了横向和纵向的比较（如表 1-2 所示）。从比较的结果可以看出，绝大多数机构和单位都借鉴国外已有的、成熟的、通用的元数据标准框架，视音频资源元数据成为国内业界最广泛学习的元数据方案对象。几种元数据规范在视音频资源元数据基础上进行扩展，既保障了通用性和互操作性，又能比较好地揭示特定资源的特征，增强数据表现精度。前面所述的几个大型项目都注意到视音频资源在结构上的特殊性、题名的层次性、特征的独特性以及责任方式的复杂性等特点，根据各自的资源类型和功能需求设计和开发，元数据方案的体系结构和用途存在差别，在元素及其修饰词的设置以及取值要求上都有各自的考虑。例如，对于视音频资源的特征揭示及属性描述各有侧重，设置不同的元素修饰词细化元素，在著录项的使用上也有各自的规定，如著录项的必备性、可重复性、数据类型等。

此外，国内视音频元数据发展和研究过程中，对描述性元数据方面的探讨和成果较多，对其他元数据形式关注较少，目前仅能看到国家图书馆能够从数字图书馆整体和数字资源整个生命周期出发，形成了比较完整的元数据体系，其他项目大多还是停留在局部及平面层次。并且，国家图书馆也率先意识到元数据开放性和互操作性的重要性，建立开放机制和映射转换机制，增强互操作性。

表 1-2　国内大型视音频专门数字资源元数据对照

	CDLS 音频资料描述元数据规范与著录规则	GY/T 202.1—2004 广播电视音像资料编目规范 第 1 部分：电视资料	GY/T 202.2—2016 广播电视音像资料编目规范 第 2 部分：音频资料	WH/T 62—2014 音频资源元数据规范、WH/T 63—2014 视频资源元数据规范
制定时间	2005 年	2004 年	2016 年	2014 年
著录对象	以数字化形式的网络音频资料为主，兼顾存储于其他载体形式的音频资料	适用于电视节目采编、制作、播出、存储、交换、共享等环节的音像资料著录	适用于音频资料的著录	数字化的网络视频/音频资源和用物理载体存储的实体视频资源
著录单位	有实体形式的数字音频资源以内容表达层为著录对象；非实体的数字表达层为著录对象，在载体形式载体式层可以依著录单位	分节目层、片段层、场景层、镜头层分别描述。对电视音像资料著录时，从节目层开始著录，其他三个层次的著录可以依据实际需要灵活选择	分集合层、个体层、分析层分别描述	对于实体视频/音频资源，建议以载体表现层为著录单位；对于数字化的网络视频/音频资源，建议以内容表达层为著录单位。也可以根据实际应用需求对原件、复制件、数字化资源等各种形式各自单独著录。以具有独立标识的视频/音频为著录单位

	CDLS 音频资料描述元数据规范与著录规则	GY/T 202.1—2004 广播电视音像资料编目规范 第1部分：电视资料	GY/T 202.2—2016 广播电视音像资料编目规范 第2部分：音频资料	WH/T 62—2014 音频资源元数据规范、WH/T 63—2014 视频资源元数据规范
著录信息源	音频资料本身。有实体形式的按照物理载体及其标签著录，非实体的数字资源按照题名屏内容著录	资源本身	资源本身	视频/音频资源本身。网络化的数字视频/音频资源的主要信息取自资源内正式出现的信息，如题名帧、片尾、文件属性等；实体视频/音频资源主要信息源是其物理载体或容器上的标签
内容结构	共设置21个元素，由核心元素、系列核心元素、个列元素组成。核心元素（15个）：名称、创建者、其他责任者、日期、主题、描述、相关资源、资源类型、格式、时空范围、语种、标识符、来源、权限、版本；系列核心元素（4个）：背景、来源、源集体、版本；个列元素（2个）：乐谱说明、乐句	元素设置据有所区别：节目层级有节目层（15个元素）、片段层（14个元素）、场景层（5个元素）、镜头层（6个元素）。每个层次各自包含相应的元数据项	共设置14个元素，分别为：题名、创建者、出版者、日期、描述、主题、类型、格式、语种、标识符、来源、关联、权利、馆藏信息	共设置19个元素，由核心元素、资源类型核心元素、个列元素组成。核心元素（15个）：题名、主题、描述、出版者、创建者、日期、类型、格式、其他责任者、来源、关联、时空范围、权限、馆藏信息、版本；受众、馆藏信息；个列元素（3个）：源集体；视频/音频数据元素（1个）：源集体。元素设置相同，视频、音频元数据修饰词有不同

	CDLS 音频资料描述元数据规范与著录规则	GY/T 202.1—2004 广播电视音像资料编目规范 第1部分：电视资料	GY/T 202.2—2016 广播电视音像资料编目规范 第2部分：音频资料	WH/T 62—2014 音频资源元数据规范、WH/T 63—2014 视频资源元数据规范
元素使用	必备元素：名称、资源类型、权限、出版者、日期；有则必备元素：创建者、其他责任者、格式、时空范围、版本。重复性：除"资源类型"不可重复、其他元素均为可重复	必备元素：题名（节目层、片段层、场景层、镜头层）、格式（节目层、片段层、场景层、镜头层）、创建者（节目层）；有则必备元素：描述（节目层、镜头层、片段层）、日期（节目层、片段层）、标识符（节目层、片段层）、来源（片段层）。重复性：不同层级元素及修饰词的重复要求可能有所差别。以元素为例，节目层、片段层、场景层均不可重复，镜头层除"关联"元素均不可重复；场景层除"格式"与"关联"元素均不可重复	在元素修饰词级制定了详细的可重复性及数据类型的使用要求，对集合层、个体层、分析层元素修饰词分别制定必备性要求	必备元素（音频、视频）：题名、类型。有则必备元素（音频、视频）：创建者、出版者、其他责任者、日期、标识符、权限、版本、馆藏信息、源载体。重复元素（音频、视频）：部分元素为可重复。重复元素修饰词，如音频资源的系列题名、分集数、分集次、目次、出版日次、期、数量、尺寸、时长、入点、出点、声道格式等不可重复

续表

	CDLS 音频资料描述元数据规范与著录规则	GY/T 202.1—2004 广播电视音像资料编目规范 第1部分：电视资料	GY/T 202.2—2016 广播电视音像资料编目规范 第2部分：音频资料	WH/T 62—2014 音频资源元数据规范、WH/T 63—2014 视频资源元数据规范
与DC的映射	核心元素全部复用自DC	元素全部复用自DC	除"馆藏信息"元素，其他元素全部复用自DC	核心元素全部复用自DC
著录标识符	推荐使用ISBD规定的著录标识符	未规定	未规定	建议使用ISBD规定的著录标识符。若ISBD不适用时，建议遵循DCSV规范
著录用文字	名称、版本、出版者及其修饰词以及其他元素及其修饰词中的引用性文字要求使用资源本身使用的文字著录。其他元素及其修饰词除编码体系规定取值的，一律使用规范汉字著录。（西文资料除外）	未规定	按资源对象语种客观著录，著录时原则上遵循如实著录的原则	按资源对象所用文字客观著录（但允许对其提供的错误信息纠正）。著录人员给出的中文摘要、中文关键词、中文主题等信息使用简体中文著录。（西文资料除外）

	CDLS音频资料描述元数据规范及元数据著录规则	GY/T 202.1—2004 广播电视音像资料编目规范 第1部分: 电视资料	GY/T 202.2—2016 广播电视音像资料编目规范 第2部分: 音频资料	WH/T 62—2014 音频资源元数据规范、WH/T 63—2014 视频资源元数据规范
描述语言	采用 RDF Schema 及 RDF/XML 分别对元数据形式化词表和规范语法进行表述	规范实现了 XML Schema，但 Schema 中未对数据类型和规范词进行定义	未规定	规定采用 XML 语言及其相关语法结构进行元数据相关定义描述以及元数据规范的置标的内容，并作为相关应用系统必备的对外数据接口。制定国家图书馆元数据核心元素集 XML Schema 描述
工具及应用系统	如 CDLS 专门元数据开放著录实验系统，基于 Web 方式联机著录，支持多种专门元数据规范与著录规则，可以基于专门元数据上乘原则实现元数据集的互转等[35]	如中央电视台音视频资料馆自主开发的音视频资料著录系统，著录元数据分四层描述，即节目层、片段层、场景层、镜头层，用户还可以根据需要增加模块或自行添加字段	不详	如基于数字图书馆工程元数据相关成果构建国家图书馆推广工程整合平台，将国内各级公共图书馆数字资源元数据充分汇集，有序整合
是否建立元数据与其他元数据的映射关系	制定 MARC 与基本元数据的映射[36]，制定其他元数据到基本元数据的映射规则[37]	无	无	制定核心集同 CNMARC、MARC21 字段、子字段映射

	CDLS 音频资料描述元数据规范与著录规则	GY/T 202.1—2004 广播电视音像资料编目规范 第1部分：电视资料	GY/T 202.2—2016 广播电视音像资料编目规范 第2部分：音频资料	WH/T 62—2014 音频资源元数据规范、WH/T 63—2014视频资源元数据规范
特色	①运用"实体-关系模型"确定著录对象、对象层次及对象之间的关系；②重视取值控制，对"背景""背景时间""音乐体裁""乐器与乐器类型"等建立受控词表；③关注元数据的开放性与互操作，为音频资料元数据命名注册系统、提出开放元数据描述方法等方法保障元数据的互操作能力	①将元数据项从上到下细分为四个层次：节目层、片段层、场景层、镜头点，根据各目特点，每个层次包含相应的元数据项；②重视取值控制，针对广播电视参数和分类的取值设计受控词表，如"分类法"（广播电视节目资料分类法）版本说明"受众""责任方式""色彩""字幕形式""责任方式""声道""画面宽高比""载体类型""制式""音频编码格式""音频采样率""视频取样格式""视频编码格式""拍摄方式""拍摄角度"等	①分集合层、个体层，分析层区分元数据项，并分别规定使用要求；②对"类型"元素进行多角度揭示（19种元素修饰词）；③重视取值控制，针对广播音频资料的一些特殊特征，技术参数和分类的取值设计受控词表，如"责任方式""主题"（广播电视节目资料分类法）"唱法""声部""演唱图形式""情绪""能量""年代""剧种""织体""速度""剧种""出种""演奏形式""资料类型""音质""资料""适用范围"获取方式"建立受控词表	①与其他模块（如管理元数据、技术元素数据等）以一定的开放结构组织在一起，以实现不同元数据之间相互关联与调用；②构建开放机制，保障互操作。如规定国家图书馆各元数据规范中的术语命名规则，提出元数据著录系统，采用开放规则等；③重视可操作性，制定具体的著录细则来指导具体实践

通过前面所述，我国的视音频数字资源建设与实践，可以归纳出以下几个特点：第一，遵循标准先行的原则，制定完善的标准规范体系来指导建设与实践。在实践中，不同机构根据各自的资源类型和功能需求进行视音频元数据规范的设计和开发，元数据方案的体系结构和用途存在差别。第二，在国内视音频元数据发展和研究过程中，绝大多数机构和单位都借鉴国外已有的、成熟的、通用的元数据标准框架，视音频资源元数据成为国内业界最广泛学习的元数据方案对象。第三，业界逐渐意识到元数据开放性和互操作性的重要性，开放性和互操作性将成为研究和开发元数据的重点。国外一些组织开展了一些元素注册项目，如美国的 MIC 项目（Moving Image Collections）开发《MIC 核心数据元素表》[38]（MIC Core Data Element Registry）。为了增强互操作性，不同的视频元数据首先与 MIC 核心数据元素进行转换，转换后的数据保存入联合目录数据库，并可以支持以 MIC、MARC、MPEG-7、DC 等多种元数据格式的导出。MIC 还提供了 MIC XML 格式以及 MIC 与 MPEG-7、MARC 之间的映射表，以及与其他元数据元素集的对照关系。

1.2 对象数据规范及应用现状

视音频资源对象数据往往包含多种类型的对象资源，例如有单独的音频对象文件、单独的视频对象文件、视音频合一的对象文件、字幕（工程）文件、关键帧对象文件等。在图书馆的实际数字化建设中，一个视音频类对象资源的音视频信息可能由一种或多种对象资源组合而成。因此，视音频对象数据的标准规范的研究与认识是图书馆视音频对象资源数字化建设与管理工作必不可少的一项重要工作。

所谓标准，是为了在一定范围内获得最佳秩序，经协商一致制定并由公认机构批准，共同使用和重复使用的一种规范性文件[39]。由此可见，制定视音频对象资源数据标准的目的是在一定范围内，对同一概念的语义理解保持一致，并且较为科学、实用以及兼容地适用于数字视音频制作原则、技术参数、数字资源生命周期的全过程的完整流程规范性定义，包括加工级别及技术参数、制作流程（含命名规则、质量管理与保存）、基本工作规范等内容。

对象数据标准在视音频数字资源的形成、传递、利用、保存等各个环节具有基础性的地位，贯穿于数字资源生命周期的全过程。就视音频对象数据标准规范而言，可分为国际标准、国家标准、行业标准、地方标准、工程或项目标准。

1.2.1　国外研究及应用现状

1. ISO

国际标准化组织（International Organization for Standardization，ISO）[40]，是国际标准化领域中十分重要的标准研制组织。该组织致力于促进世界上标准的编制与工作开展，以推进产品与服务的国际交换，发展知识、科技与经济活动等领域中的相互合作。

国际电工委员会（International Electrotechnical Commission，IEC）[41]，是由多个国家共同组成的，编制和出版有关电气、电子以及相关技术的国际标准的组织。该组织为行业、公司以及政府提供了讨论、会议以及制定他们所需国际标准的平台。

ISO 和 IEC 已建立了一个联合技术委员会 ISO/IEC JTC 1[42]，专门致力于信息技术类的标准制定与推广。与视音频对象资源比较相关的一个国际标准 ISO/IEC 13818 即是由 ISO/IEC JTC 1 组织制定的。ISO/IEC 13818 标准包含了一系列与视音频对象数据的技术参数以及技术方法。ISO/IEC 13818 标准的第 2 部分为《信息技术——运动图像和相关视频信息的通用编码　第 2 部分：视频》（*Generic coding of moving pictures and associated audio information—Part 2: Video*），即 ISO/IEC 13818-2:2013[43]；该标准的第 3 部分为《信息技术——运动图像和相关音频信息的通用编码　第 3 部分：音频》（*Information technology—Generic coding of moving pictures and associated audio information—Part 3: Audio*），即 ISO/IEC 13818-3:1998[44]。ISO/IEC 13818-2:2013 规定了视频数据的编码表示和重建图片所需的解码过程，它提供了一种通用的视频编

码方案，提供了广泛适用的比特率、图片分辨率和质量。ISO/IEC 13818-3:1998规定了音频数据的编码表示，以及为了解码音频信号所需要的解码处理。

2. IASA

国际声音和视听档案协会（International Association of Sound and Audiovisual Archives，IASA）[45]，由 70 多个国家的成员共同组成，致力于保存录音记录和音像文件的档案保存相关的国际合作，涉及各种音乐录音，历史、文学、民俗及民族等专业性声音文件，口述历史访谈，生物声学，语言和方言录音等特定主题和领域。IASA 专长于声音和视听录音的所有技术方面，包括实际录制过程、历史和现代录音的再现优化、传输和数字化技术、存储以及软件等相关技术，关注保存声音和视听媒体以及技术上未来可持续获取途径。IASA 出版发行了 TC 系列规范，其公开发行的 4 个规范包括：IASA-TC 03《保护音像遗产：道德，原则和保护战略》、IASA-TC 04《数字音频对象的制作和保存指南》、IASA-TC 05《音频和视频载体的处理和存储》、IASA-TC 06《视频记录保存指南》。

作为声音存档领域数字音频保存的公认权威 IASA-TC 04[46]目前最新版本为 2009 年出版的第 2 版。该指南提到了元数据、唯一标识符、长期保存，尤其长期保存的相关规定写得比较详细。IASA 推荐使用 96 kHz 作为更高的采样率（仅作为指导，而不是上限），建议使用由 Microsoft 和 IBM 开发的 WAVE（文件扩展名.wav）作为资源交换文件格式（RIFF）的扩展（Wave 文件广泛用于专业音频行业）。建议使用 BWF .wav 文件（EBU Tech 3285）进行存档。

音频和视频载体处理和存储标准 IASA-TC 05[47]为视音频档案工作人员提供处理和存储物理音频和视频对象资源的方法指南，目前最新版本刊发于2014 年。该规范主要针对包括磁、光、固态介质等物理介质的音频资源，分几部分进行了定义与约定。规范第一部分定义了载体的主要类型、组成、录制原理、物理化学稳定性、重放导致的恶化以及相应策略，第二部分定义了被动因素（温湿度、气候条件、机械变形、污染、紫外线、X 射线、磁场）、存储设备、转换以及灾害预防等几个方面内容。总的来说，TC 系列规范适用于数字化进行长期保存之前做一些处理和优化存储工作，注重源载体的处理和存储。

3. FADGI

联邦机构数字化指导委员会（Federal Agencies Digital Guidelines Initiative，FADGI）是 2007 年美国国会图书馆发起的一个合作项目[48]，其致力于为历史遗留下来的非数字形式的资源实施数字化制定通用的标准。FADGI 共包括两个独立的工作组，一个工作组是静态图像工作组，负责图像内容类资源（例如书籍、手稿、地图照片和底片等）数字化标准的研制；另一个工作组是视听工作组，负责视音频资源（声音、视频和电影）数字化标准的研制。

迄今为止，FADGI 已经制定的数字化指南有 13 个，其中 6 项由视听工作组完成，包括音频模数转换器的性能、广播波形文件的封装元数据、MXF 应用说明等。

表 1-3　FADGI 制定的指南

指南名称	主要内容
MXF Application Specification[49]	该指南还称为"RDD 48"文件。规定了利用 MXF 作为数字视音频文件长期保存格式的参数说明及保存流程。也定义了多个时间码和音轨的传输和标记方法；字幕、副标题和定时文本的处理；最小的核心元数据集；节目分段元数据；以及嵌入式内容完整性数据
Embedding Metadata in Broadcast DPX Files[50]	定义了封装在广播 DPX 文件的嵌入式元数据指南。FADGI 还为 WAVE 音频文件提供了嵌入指南，并为静态图像提供了两个嵌入指南：最小描述性元数据和 TIFF 头。工作组还开发了 BWF 元编辑工具，以支持 WAVE 格式的用户

指南名称	主要内容
Digitizing Motion Picture Film: Exploration of the Issues and Sample SOW[51]	电影数字化问题探索与样本研究
Guidelines for Embedding Metadata in Broadcast WAVE Files[52]	广播 WAVE 文件的封装元数据规范
Audio Analog-to-Digital Converter Performance Specification and Test Method Guideline(Low Cost)[53]	低成本的音频模数转换器的性能规范和测试方法
Audio Analog-to-Digital Converter Performance Specification and Test Method Guideline(High Level Performance)[54]	高质量的音频模数转换器的性能规范和测试方法
Creating and Archiving Born Digital Video[55]	从八个案例角度出发,针对原生性视频文件的创建和归纳进行说明

FADGI 的成员机构不仅仅局限于文献情报机构,同时吸纳了司法部门、文化机构、其他政府部门等。因此 FADGI 工作者制定的指南弥补了文献情报行业自身的技术短板,使多角度、多维度的意见和建议得到充分的表达,跨越了行业的界限,具有更广泛的适应性。

4. IFLA

国际图书馆协会与机构联合会(The International Federation of Library Associations and Institutions,IFLA),简称国际图联,是世界图书馆界最具权威和影响力的非营利组织,致力于研究推动图书馆行业的发展。IFLA 标准是国际评审、出版和定期更新的文件,每个 IFLA 标准都能反映关于某一特定活动或服务的规范、原则、准则、最佳实践或模型的共识,为国际图书馆界标准化工作提供了最佳的参考范例。IFLA 现行标准体系比较完善,具有一套可行的审查、评价方法，对标准的审查、修订、更新都具有积极作用。

IFLA 现行标准包括规范性文件和信息/技术性文件两类[56]。其中涉及视音频资源的标准是《图书馆及其他机构音像与多媒体资料指南》[57]，主要面向所有类型的图书馆以及相关机构的音像与多媒体资料而制定。指南中的"音像和多媒体"一词，可以适用于所有类型的图书馆和信息服务机构有关声音、图像和多媒体信息服务的馆藏内容。所有与声音、静态和动态图像、多媒体文件和服务（如儿童图书馆和语言中心）、馆藏开发、编目、保存和访问（包括互联网访问）有关的问题都有所说明。

5. LC

美国国会图书馆（Library of Congress，LC）是美国四大官方国家图书馆之一，其制定标准中最具影响力的是机读编目格式 MARC（Machine-Readable Cataloging）。在数字资源描述方面，LC 做了深入的标准建设研究，并保持对标准的持续维护和更新。

LC 制定和维护的数字图书馆相关标准有 11 项[58]，其中"音视频元数据"（AudioMD and VideoMD），对数字图书馆的音视频元数据著录提出了标准化著录的相关要求，虽然并未对音视频内容数字化加工提出相关的参数要求，但具有一定的启示作用。

1.2.2　国内研究及应用现状

1. 国内标准规范情况

与视音频资源相关的标准规范的研究、制定与实施推广，在国内常由专业的标准化组织，从事音视频资源建设的各类型图书馆、文化馆，从事新闻出版的出版行业，从事影视广播建设的相关行业等组成。与此同时，一些机构也作为视音频数字资源的建设者、服务者，在视音频资源的相关技术发展趋势跟踪、技术研究与开创方面，做了很多实践工作，也有较多的视音频数字资源建设成果。

当前，全国信息与文献标准化技术委员会（委员会编号：TC4），全国文献影像技术标准化技术委员会（委员会编号：TC86），全国广播电影电视标准化技术委员会（委员会编号：TC239），全国图书馆标准化技术委员会（委员会编号：TC389），全国文化馆标准技术委员会（委员会编号：TC390），全国音频、视频及多媒体系统与设备标准化技术委员会（委员会编号：TC242）以及全国信息技术标准化技术委员会（委员会编号：TC28）分别在文献影像技术领域、广播电影电视领域、图书馆及文化馆领域以及信息技术领域，积极推进国家、行业以及机构的视音频资源标准的研制及管理工作。

数字音频、视频类资源加工规范在我国已经形成国家级资源加工规范体系，包括 GB/T 31219.4—2014《图书馆馆藏资源数字化加工规范 第 4 部分：音频资源》[59]、GB/T 31219.5—2016《图书馆馆藏资源数字化加工规范 第 5 部分：视频资源》[60]、GB/T 17975.2—2000《信息技术 运动图像及其伴音信号的通用编码 第 2 部分：视频》[61]、GB/T 17975.3—2002《信息技术 运动图像及其伴音信号的通用编码 第 3 部分：音频》[62]、GB/T 33475.3—2018《信息技术 高效多媒体编码 第 3 部分：音频》[63]、GB/T 33475.2—2016《信息技术 高效多媒体编码 第 2 部分：视频》[64]等国家标准；2008 年由国家图书馆牵头制定了《国家图书馆音频数据加工标准和操作指南》《国家图书馆视频数据加工标准和操作指南》；出版信标委研制的 CY/T 183.1—2019《有声读物 第 1 部分：录音制作》[65]规定了有声读物的录音制作流程及相关要求，适用于制作及出版公共数字文化资源有声读物的环节。此外，信标委正在开展内容资源数字化加工标准研制项目，包括术语、采集方法、加工规格、元数据、质量控制和应用模式。北京市和天津市为档案资源数字化研制了各自的地方标准，其中北京市针对不同类型的档案数字化制定了加工规范。虽然我国在公共数字文化领域标准规范建设实践中，已进行了广泛且深入的探索，但由于缺乏统筹管理、资源建设没有充分考虑互联等问题，图书馆数字资源建设标准规范的体系框架和标准类型上具有一定差距。

2. 三大工程所采用的标准比较与总结

从公共数字文化机构开展的视音频数字资源建设实践角度出发，本书以国家图书馆、全国文化信息资源共享工程、数字图书馆推广工程制定、发布的视频资源数字化加工规范进行比较，从技术指标、规范内容以及适用范围几个角度说明不同机构制定并沿用的数字资源加工规范的现有情况。

国家图书馆制定的《国家图书馆视频数据加工标准和操作指南》[66]，是在国家数字图书馆工程指导下制定的视频类对象数据加工标准，遵从数字图书馆资源建设的统一规范，并针对视频类对象数据的数字化加工需求，较为系统地规定了视频类对象数据的加工原则、内容标记、资源应用级别、加工标准、格式体系、数字加工流程及命名规则等内容。此外，该指南从数据加工标准出发，较为详细系统地说明了视频类对象数据数字化加工的操作流程、操作方法，可以作为图书馆实施视频类对象数据数字化加工工作的依据和工作参考。

由全国文化信息资源建设管理中心组织制定编写的《全国文化信息资源共享工程视频资源数字化加工格式规范 V2.0》[67]，为全国各级、各类图书馆和文化机构开展视频类资源数字化加工提供要遵循的标准，将视频资源数字化加工格式、视频资源格式制定的原则、视频资源分类、根据数字化加工的目标和要求的不同而区分出的视频资源的级别、不同级别的对象数据所对应的加工格式以及技术参数都进行了规范性约定，并且还将不同级别的推荐格式与文化共享工程视频应用格式进行了对应。

由数字图书馆推广工程制定的《图书馆公开课加工及著录规则》[68]，该文件不但包括图书馆公开课元数据著录规则以及与规则相匹配的元数据样例，同时还包括了《国图公开课视频资源对象数据加工标准》。视频对象数据加工标准是在国家数字图书馆标准规范的基础上，融合国内外成熟的标准规范成果形成的，该标准也成为指导全国各类、各级图书馆开展视频类（例如公开课、讲座等）资源建设和数字化加工的遵循性标准。该标准规定了内容建设（公开课视频资源制作要求、公开课资源内容组成）、技术指标及参数

（视频与音频信号源指标、视频封装及技术参数、字幕及相关图片等数据参数、对象数据存储）、对象数据组织结构（二级目录）等内容。

上述三个视频对象数据加工规范，均对视频资源对象数据数字化加工提供了原则性指导，也针对视频对象资源进行了分级、分类，给出了各类视频对象数据所应采用的格式类型、技术参数以及命名标记等，均有系统性和规范性。

但是从另一个角度来比较，上述三个视频对象数据加工规范存在一定的差异性。《国家图书馆视频数据加工标准和操作指南》是从宏观整体的角度较为完整地规范定义了视频对象数据加工标准，也包含了视频资源元数据著录规则，对视频资源的数字化加工和管理的流程较为完整地进行了规范化规定。该标准所涉及或适用的视频数据的覆盖面广、适应性强，可以说是对视频类数据加工管理的一个较为完整的、流程化的、规范化的体系。与之相比较，《全国文化信息资源共享工程视频资源数字化加工格式规范 V2.0》和《图书馆公开课加工及著录规则》则不是从宏观角度制定视频资源数字化加工规范，而是从具体化、针对性的角度制定的数字化加工规则。"共享工程视频资源数字化加工格式规范"围绕加工格式展开，并给出相应实例供文化共享工程参考，内容更加微观具体；"图书馆公开课加工规则"则是专门针对图书馆的公开课这一种视频资源的数字化建设需求，制定了较为完整的元数据和对象数据规则。

总体而言，上述三个视频对象数据加工规范都制定了清晰、具体的数字化加工指标以及相对应的技术参数，也对视频对象资源明确了分层分级的依据，有助于各个图书馆和文化机构的视频资源建设和管理规范化。

1.2.3 视音频对象资源建设主要技术问题说明

无论任何机构实施视音频对象资源数字化加工，都需要遵照一定的数字化加工标准。此外，在实际的视音频资源建设工作实践中，与视音频对象资源关系较为紧密的一些技术参数、技术细节均需要结合数字化建设的目标资源情况以及数字化成品的保存和服务目标来选定。

1. 技术参数选择的原则

（1）实用性：无论采用何种标准开展音视频对象资源建设，必须要适用于本图书馆（文化机构）已存在的视音频资源，还要兼顾未来计划开展的视音频资源数字化建设，因此技术参数以及各类型对象数据所采用的格式要重视实用性。

（2）扩展性：实际工作实践中，要选择支持多种数字化加工设备、多种应用场景以及多服务终端的技术参数，从兼具设备兼容性和格式兼容性的角度出发，选择相匹配的视音频对象资源数字化加工标准。

（3）先进性：随着互联网技术的迅猛发展，视音频资源的相关技术一直在持续进步中。在实际工作实践中，不但要保证所采用的视音频数字化加工技术兼容以往建设成果，更重要的是要充分了解并采用紧跟最新视音频发展趋势的技术（编码技术、压缩格式等）。此外，视音频资源所采用的技术格式、编码格式等，不建议使用具有版权保护期限或商业使用限制的。

（4）经济成本：全国范围的图书馆、文化机构都在积极地实施视音频资源建设，与此同时，移动互联网的普及与发展也让使用者更加喜欢移动流媒体的服务形式，高清、超高清等技术已经进入到广大用户的移动服务中。在实际工作实践中，不能一味地追求高质量、高清晰、高品质的视音频资源建设标准，这样会给图书馆带来存储和管理的成本压力，也会给用户带来网络流量、使用成本的压力。图书馆及文化机构应该首先判断本机构所拥有的视音频资源是属于稀缺性和珍贵性资源，还是属于普及性、服务性资源。根据视音频资源的重要性不同，选择与这类数字化资源相匹配的技术标准。

2. 视音频对象数字资源长期保存类文件技术参数规格的选择

图书馆在进行音频对象资源数字化加工的工作时，首先必须要（是指不可缺少）数字化建设出长期保存级别的数字化文件，并且实施安全、可靠的长期保存管理。此后其他版本的音频数字资源均可以通过长期保存版本的文件进行数字化加工，生成服务类文件。因此可以认为，长期保存类文件是数字化生产加工工作中较为重要的一类文件，其文件参数的选择是要遵照一定规则的。

（1）原始资源的特性。长期保存类资源要充分考虑并保留原始资源的特性。以音频资源为例，音频采样定律要求采样频率至少为原始声音最高频率的两倍，这规定了采样频率的最低值。不同声音频率分布范围不同，人耳能感受的声音频率范围是 20～20 000 Hz，人类声音的频率范围是 100～10 000 Hz，乐器产生的声音频率范围会更宽。

（2）存储成本。数字化加工产生的长期保存类资源，既要保证质量，尽量不损失视音频资源所包含的信息，又要综合考虑成本投入。以音频资源为例，如果统一采用最高采样率和量化位（比如 96 kHz/32 bit），虽然质量有保证，但如果采集的是语音，就会浪费存储空间，并增加不必要的成本。

（3）尽量避开知识产权。长期保存类资源采用的格式、压缩技术，均不能将中国的国家标准与某个商业公司绑定，避免增加数字资源制作成本，同时规避因某家公司倒闭而出现数以亿计视音频数据重新数字化制作的重大风险。

（4）系统平台兼容性。数字化建设产生的长期保存类视音频资源，应该尽量保证国际通用，且能适应不同的操作系统环境。

3. 视音频对象数字资源服务类文件技术参数规格的选择

图书馆在实施视音频资源数字化建设工作中，一项较为重要的目标就是建设可以满足广大用户需要的视音频资源，并通过多种终端、多种形式为用户提供服务，此外还可以通过数据共享的模式提供给其他机构。因此，服务类文件要区分服务的层级、服务的对象分别进行参数规格的选择。通常来说，要考虑以下几个因素：

（1）服务对象。服务类文件的建设，应首先考虑服务对象的需求，是普通大众需求还是特殊用途。以音频资源为例，如服务对象是对声乐非常敏感的音乐家，对音频的参数的需求是尽量保持原貌、不失细节，这种情况下需要提供高质量的服务类文件。

（2）尽量避开知识产权。在资源格式可持续发展、长期可用角度下考量，视音频服务类资源的格式要尽量避开有知识产权限制的格式，一方面可以降低数字视音频制作的成本，另一方面又可以规避潜在风险。例如：一些流媒体格式（如 Real Audio、WMA 等）有专门的知识产权，若干年后如果支持该流媒体格式的公司或机构破产倒闭，那么数以亿计的音频数据将面临不能解码播放的风险。

（3）系统平台兼容性。不同的媒体格式对数字视音频有不同编码、解码体系，因此在制作服务文件时应尽量选择国际通用的媒体格式。

（4）在当今媒体化、视频化的互联网时代，用户对移动视频浏览及直播视频的需求越来越旺盛和普遍，因此，视频服务类文件的格式需要支持FLV、HLS 类的流媒体格式。

（5）随着影视制作技术的发展成熟以及互联网带宽的扩充普及，超高清节目的制作和发布已经很常见，4K 超高清内容也越来越多，4K 超高清内容采集、制作、存储、发布工艺流程越来越成熟，因此，视频类服务资源应该引入 4K 超高清的技术指标。

2

数字视频对象数据加工流程及管理

　　图书馆视频对象数据是图书馆多媒体资源的重要组成部分，它既包含产生之初即为数字形态的原生性视频资源，也包含由传统视频资源数字化加工产生的再生性视频资源。

　　原生性视频资源主要包括讲座类资源和加工类资源。社会教育以及培训是图书馆的重要职能之一，如通过开办学术讲座、举行公开课活动、拍摄采访相关专家学者等方式，面向社会公众提供视频类服务。讲座类资源以及公开课类资源，主要指的是开办讲座、举办公开课过程中，通过拍摄、剪辑最终形成的视频资源。加工类资源主要指的是在素材整理的基础上通过视频制作、加工以及配音最终形成的数字视频资源，例如图书馆经常会对已有的文献进行图片拍摄，并且根据文献内容撰写适合视频形式的视频脚本，拍摄制作与该文献相关的视频资源。

　　一般图书馆的视频类馆藏资源均较为丰富，包括录像带、LD 激光视频光盘、VCD 激光视频光盘、VHD 高密度视盘、DVD 激光视频光盘以及电影胶片等。内容丰富多样，涉及政治、经济、文化、教育等各个行业和领域。各种类型视频资源由于载体材料损耗老化、播放设备更迭等原因，面临着无法有效利用的问题。随着网络化发展，为保证资源的长期保存和使用，适应读者对资源的使用需求，图书馆需要对这些视频资源，进行数字化加工操作。本书所述的再生性视频资源，就是通过数字化加工由传统视频资源生成的数字视频资源。

对于图书馆视频对象数据的数字化加工过程以及数字化环节，无论是原生性数字视频资源还是再生性数字视频资源，其数字化加工过程都应该包括数字化前期准备、数字化加工处理、质量控制、标记、保存和利用五个阶段，如图 2-1 所示。针对视频对象资源的数字化加工，完整的流程与音频对象资源数字化加工相同。但是由于视频对象资源与音频对象资源在数字化加工的技术参数、规格指标以及加工标准有所不同，故本书仍然将视频对象资源数字化加工与音频对象资源数字化加工分两章进行撰写，以供各机构工作人员根据实际工作需要对照参考。

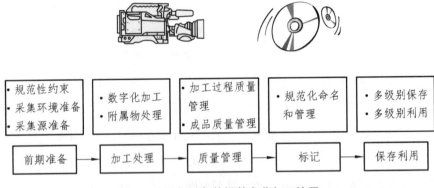

图 2-1　视频对象数据数字化加工流程

（1）数字化前期准备：该阶段是视频对象资源数字化加工的首要阶段，是必须要实施的一个阶段。该阶段包括对拟采集的视频资源进行分级评估；对拟采集的视频资源进行数字化加工前的准备工作；根据拟采集（数字化处理）的视频资源的特点，对采集设备进行选择，并准备相应的采集环境。该阶段规划是否合理、操作是否正确均对完整的数字化加工流程中后续的其他阶段较为重要，是所有从事视频对象数据数字化加工的机构必须重视和必须付诸行动的一个阶段。

（2）数字化加工处理：该阶段是视频对象资源数字化加工完整流程中所谓的"数字化"阶段，包括使用采集设备产生视频对象数据，也包括对视频对象资源相关的附属物进行数字化加工。在数字化加工中，原生性视频对象资源与再生性视频对象资源的数字化加工流程稍有不同，因此，所有机构需要明确资源建设的目标，制定相对应的加工处理流程。特别注意，视频对象资源数字化加工区别于音频对象资源数字化加工的最主要的一点在于，视频对象资源在数字化加工过程中，分别产生四种不同的数字对象资源：母版级视频对象资源、编辑保存级视频对象资源、长期保存级视频对象资源、发布服务级视频对象资源。在数字化加工过程中，应该针对不同数字化加工级别的视频对象数据，选择相匹配的技术参数、文件格式。

（3）质量管理：该阶段对于视频对象资源的质量起到重要的作用，应该贯穿于整个数字化加工过程，包括数字化前期准备、数字化加工处理、标记、保存利用等过程中，都要注重标准规范的遵照及质量控制，并在视频对象资源数字化加工完成后，按照相应的校验标准，按一定比例进行校验，以确保数字化过程以及数字化产生的视频对象资源的数字内容、技术指标以及质量符合数字化的需求。特别注意，视频对象资源数字化加工会产生四种不同规格的视频对象资源，每一种数字化资源的质量管理一定要与其所属的数字化加工类型相一致，尤其要注意各类型视频对象资源技术参数的正确性。

（4）标记：该阶段对数字化处理后生成的所有视频对象数据文件或文件夹进行命名保存，包括对视频对象数据文件夹目录、元数据、不同规格的视频对象数据、音频文件、字幕文件、附属物文件等进行规范化处理。一定要注意，视频对象数据与元数据之间的对应关系是必须正确、完整、规范地记录和管理的。整理加工完成的一个资源对象，其对应的文件应在同一文件夹下保存，应为加工后的视频数据文件或文件夹进行命名。

（5）保存和利用：该阶段对于已加工的母版级视频对象资源、编辑保存级视频对象资源、长期保存级视频对象资源、发布服务级视频对象资源非常重要。任何机构实施了视频对象资源数字化操作，则必须首先实施长期保存，此后再按需求有选择地建设其他服务文件。对于对象数据的保存，除了元数据、各种规格的视频对象数据，说明文件也应视为重要内容，随对象数据一同保存在相应的介质上。

2.1　前期准备

图书馆在进行视频对象数字化加工的工作之前，首先要对待加工（待拍摄）的视频对象做一个全面的、完整的、全流程的规划和约定。在接下来的数字化加工过程中，采用相符合的加工工具，在相符的加工环境中进行数字化操作，并在数字化全过程中遵照统一的规则、相符合的技术、规范的流程进行数字化，最终生成的数字化文件无论是保存、服务以及交换都是规范化的、完整的、可复用的。

数字化加工工作中的前期准备工作，包括规范性约定、采集环境准备、采集源准备三方面的工作，均需要根据待数字化的视频资源的特点和目标进行，不能忽略或者跳过。

2.1.1　规范性约定

在数字化加工前，首先应该对待数字化的视频数据进行包括应用级别及对应的技术参数、采集与处理、命名、质量管理等因素的规范性约定。在后续的数字化加工以及服务和保存的过程中，所有的数字化操作都要遵守这些规范性规定。

1. 应用级别及技术参数

视频对象资源在进行数字化加工之前，就应该明确要加工完成的数字化成品的不同级别，并且在数字化加工过程中遵照相应级别的数字化相关技术参数。要注意的一点，视频对象资源数字化加工中，首先要产生母版级视频对象数据，后续是否要再数字化加工产生其他级别的视频对象资源，则视实际需要而定。视频对象数据可以参考表 2-1，根据目标视频资源的特点，选择相匹配的技术参数作为数字化加工的技术指标。

表 2-1 不同级别的视频对象资源加工技术参数

文件类型	超高清资源	高清资源	标清资源
母版级独立视频文件	分辨率：3840×2160 帧率：50P、60P、100P 视频采样格式：4：2：2 或 4：4：4 视频采样位深度：10 bit 压缩编码格式：H.264、H.265、AVS HDR 量化方式：PQ 或 HLG 码率：120 Mb/s 以上 文件封装格式：MXF	分辨率：1920×1080 或 1280×720 帧率：60P、50P、60i、50i 视频采样格式：4：2：2、4：4：4 压缩编码格式：MPEG2 IBP、H.264、AVS 码率：50 Mb/s 以上 文件封装格式：MXF	分辨率：720×576 帧率：25 压缩编码格式：MPEG2 IBP、H.264、AVS 码率：25 Mb/s 以上 文件封装格式：MXF
母版级视频音频合一文件（发布服务用文件）	分辨率：3840×2160 帧率：50P、60P、100P 视频采样格式：4：2：0 视频压缩编码格式：H.264、H.265、AVS HDR 量化方式：PQ、HLG 码率：50 Mb/s 以上 音频采样频率：48 kHz、44.1 kHz 音频压缩编码：AAC、MP3 音频量化位深度：16 bit 文件封装格式：MP4、TS	分辨率：1920×1080、1280×720 帧率：60P、50P、60i、50i 视频采样格式：4：2：0 视频压缩编码格式：MPEG2 IBP、H.264、AVS 码率：15 Mb/s 以上 音频采样频率：48 kHz、44.1 kHz 音频量化位深度：16 bit 音频压缩编码：AAC、MP3 文件封装格式：MP4、TS	分辨率：720×576 帧率：25 视频采样格式：4：2：0 视频压缩编码格式：MPEG2 IBP、H.264、AVS 码率：8 Mb/s 以上 音频采样频率：48 kHz、44.1 kHz 音频量化位深度：16 bit 音频压缩编码：AAC、MP3 文件封装格式：MP4、TS

文件类型	超高清资源	高清资源	标清资源
母版级视音频合一文件（检索浏览用低码率文件）	分辨率：960×540 视频压缩编码格式：H.264、H.265 视频压缩采样格式：4：2：0 音频压缩编码：AAC、MP3 音频量化位深度：16 bit 文件封装格式：MP4、WMV	分辨率：960×540 视频压缩编码格式：H.264、H.265 视频压缩采样格式：4：2：0 音频压缩编码：AAC、MP3 音频量化位深度：16 bit 文件封装格式：MP4、WMV	分辨率：352×288 视频压缩编码格式：H.264、WMV 视频压缩采样格式：4：2：0 音频压缩编码：AAC、MP3 音频量化位深度：16 bit 文件封装格式：WMV
编辑保存级独立视频文件	分辨率：3840×2160 帧率：50P、60P、100P 视频压缩采样格式：4：2：2、4：4：4 视频压缩位深度：10bit 压缩编码格式：H.264、H.265、AVS HDR量化方式：PQ、HLG 码率：120 Mb/s 以上 文件封装格式：MXF	分辨率：1920×1080、1280×720 帧率：60P、50P、60i、50i 视频压缩采样格式：4：2：2、4：4：4 压缩编码格式：MPEG2 IBP、H.264、AVS 码率：50 Mb/s 以上 文件封装格式：MXF	分辨率：720×576 帧率：25 压缩编码格式：MPEG2 IBP、H.264、AVS 码率：25 Mb/s 以上 文件封装格式：MXF
编辑保存级视音频合一文件	分辨率：960×540 视频压缩编码格式：H.264、H.265 视频压缩采样格式：4：2：0 音频压缩编码：AAC、MP3 音频量化位深度：16 bit 文件封装格式：MP4、WMV	分辨率：960×540 视频压缩编码格式：H.264、H.265 视频压缩采样格式：4：2：0 音频压缩编码：AAC、MP3 音频量化位深度：16 bit 文件封装格式：MP4、WMV	分辨率：352×288 视频压缩编码格式：H.264、WMV 视频压缩采样格式：4：2：0 音频压缩编码：AAC、MP3 音频量化位深度：16 bit 文件封装格式：WMV

文件类型	超高清资源	高清资源	标清资源
存储级视音频合一文件（检索浏览用低码率文件）	分辨率：960×540 视频压缩编码格式：H.264、H.265 视频采样格式：4:2:0 音频压缩编码：AAC、MP3 音频量化位深度：16 bit 文件封装格式：MP4、WMV	分辨率：960×540 视频压缩编码格式：H.264、H.265 视频采样格式：4:2:0 音频压缩编码：AAC、MP3 音频量化位深度：16 bit 文件封装格式：MP4、WMV	分辨率：352×288 视频压缩编码格式：H.264、WMV 视频采样格式：4:2:0 音频压缩编码：AAC、MP3 音频量化位深度：16 bit 文件封装格式：WMV
存储级视音频合一文件（发布服务用文件）	分辨率：3840×2160 帧率：50P、60P、100P 视频采样格式：4:2:0 视频压缩编码格式：H.264、H.265、AVS HDR量化方式：PQ、HLG 码率：50 Mb/s 以上 音频采样频率：48 kHz、44.1 kHz 音频压缩编码：AAC、MP3 音频量化位深度：16 bit 文件封装格式：MP4、TS	分辨率：1920×1080、1280×720 帧率：60P、50P、60i、50i 视频采样格式：4:2:0 视频压缩编码格式：MPEG2 IBP、H.264、AVS 码率：15 Mb/s 以上 音频采样频率：48 kHz、44.1 kHz 音频量化位深度：16 bit 音频压缩编码：AAC、MP3 文件封装格式：MP4、TS	分辨率：720×576 帧率：25 视频采样格式：4:2:0 视频压缩编码格式：MPEG2 IBP、H.264、AVS 码率：8 Mb/s 以上 音频采样频率：48 kHz、44.1 kHz 音频量化位深度：16 bit 音频压缩编码：AAC、MP3 文件封装格式：MP4、TS

注：表中涉及部分视频技术参数见后文 2.2.2 中介绍。

视频对象资源通过数字化加工，将产生和保留以下几种类型的基础视音频文件的一种或几种：视频文件、视音频合一的文件、音频文件、字幕文件、描述性文件、附属物文件。在图书馆的实际工作实践中，视频对象资源的加工、保存和使用服务，均会有以上所述的基础视音频文件的一种或多种资源，并且一个视频对象资源可以由上述基础视音频文件的一种或多种组合而成。

根据实际工作中视频对象资源的内容，将视频对象数据文件划分为以下几种类型：

（1）母版级视频对象资源：指图书馆在做视频对象资源的数字化加工中，无论是再生性视频对象加工还是原生性视频对象加工，均要首先产生一个采用与节目源适配的最高分辨率、最高编码质量的方式单独保存的母版级视频对象资源。这类视频对象资源的内容包括与视频相关的独立的高质量视频文件，独立的高质量的音频文件，独立的字幕文件，视频相关的封面、海报、剧照、介绍等附属性文件，以及高质量的视音频合成文件。母版级视频对象数据，其目的是最完整保留原始的视频对象资源的内容和视频效果，最完整地录制和保留住音频对象资源的内容（例如现场声、国际声等），该类型视频对象资源要做长期保存管理。

（2）编辑保存级视频对象资源：图书馆在进行视频对象资源数字化加工过程中，要对与视频对象相关的素材类视频对象数据进行数字化和保存，并且也要采用较高分辨率、较高编码质量的方式进行数字化加工，加工完成的数字化文件就是编辑保存级视频对象资源。这类视频对象资源的内容包括独立的高质量的视频文件、独立的高质量的音频文件、独立的字幕文件、视频相关的附属性文件以及高质量的视音频合成文件，都应该进行保存管理。后续针对视频对象资源的再加工、再编辑，可以以此版本的视频对象文件为基础进行相关处理。

（3）存储级视频对象资源：图书馆在进行视频对象资源数字化加工后，要通过数字化手段制作或者摄制出完整的一套视频资源，用于未来的视频对象资源的保存和对外服务，即为存储级视频对象资源。这类视频对象资源的内容包括视音频合成的文件、独立的字幕文件、视频相关的附属性文件。

（4）发布级视频对象资源：图书馆在存储级视频对象资源的基础上，制作出仅仅用于对外服务应用级别的发布级视频对象资源。这类视频对象资源的内容包括视音频合成的文件、视频相关的附属性文件等。因为这类视频对象资源主要面向不同终端、不同目标的对外服务，故在数字化加工中要采用兼顾编码质量和压缩效率的技术参数。在图书馆的实际工作中，要充分考虑到用户的使用需求以及当前移动端服务的普遍化、泛在化、碎片化、实时化趋势，发布级视频对象资源要支持网络传输、直播传输以及流媒体方式。

在进行视频对象资源数字化加工之前，必须要明确本次数字化加工将要产生哪些类型的文件，并针对不同类型的文件规定其对应的技术参数。

值得注意的是，视频对象资源数字化加工过程中还会数字化产生独立的音频对象资源，如表 2-2 所示。因此，对于不同级别的音频对象资源的技术指标也是应该对照执行的。

表 2-2　独立的音频对象资源技术指标

不同级别	采样频率	位深度	编码方式	文件封装格式
母版级	48 kHz、44.1 kHz	24 bit	LPCM	WAV
编辑保存级	48 kHz、44.1 kHz	24 bit	LPCM	WAV

2.1.2　采集源准备

图书馆在进行视频对象资源数字化加工之前，需要首先全面熟悉待数字化加工的视频对象资源的原始文件的载体及内容，也需要全面策划要拍摄的视频对象资源的内容。在再生性视频对象资源的数字化加工中，一定不能对原始的视频对象资源及其介质产生任何影响或损坏。在原生性视频对象资源的数字化加工过程中，一定要完整地拍摄（录制）视频对象的所有内容，包括其背景音、画外音等。

1. 再生性视频对象资源的采集源准备

图书馆普遍保存有较多类型的视频资源，传统的视频对象资源也随着时代的变迁，出现载体介质损坏、老化或者消磁以及缺乏读取载体介质软件等问题。因此，在进行再生性视频对象资源数字化加工的前期准备阶段，要对原始的载体介质做较为充分的登记、检查甚至修复的工作。

1）视频对象资源盘点

针对具有实体载体介质的视频对象资源，需要进行完整的"出库登记"记录操作，有出库交接单，详细记录视频对象资源实体的标识号、库存标识、库存状态、件数、载体介质、处理方法、时间、交接人员等相关信息。

待拿到视频对象资源实物后，需要对实体载体以及视频对象文件进行检查。一方面检查原始载体的介质现有状态，包括是否有盘片划痕、断裂、绕带、粘连、脱落等；另一方面要检查原始载体的清洁状态，包括是否有发霉，是否有污垢、灰尘等。

2）视频对象资源实物修复处理

基于保护原始视频对象资源的原则，采用较为成熟的技术进行原始载体的清洁和修复处理。

对原始视频对象资源介质进行清洁处理，要采用对碟片、磁带、胶片等介质不会造成损毁的干性方式（除尘、真空、抗静电刷），采用清淡、低泡、中性溶液清洗，采用盘片清洁剂或采用超声波除尘等。

对原始视频对象资源进行修复处理，要根据介质存在的问题区分对待。对于磁带断裂和绕带的情况进行手工处理，磁带断裂，采用胶带拼接；磁带绕带，手工整理，采用专用仪器进行正反倒带复制；盘片划痕读不出数据，采用软件恢复拷贝；在胶片采集前要对胶片进行去灰尘和去静电处理，而对于放音设备的磁头和唱针也要进行检查和相应的处理。

注意：绝对不能回转或播放有问题的磁带！否则整个磁带会断裂。

2. 原生性视频对象资源的采集源准备

图书馆的业务工作中，会有较多原生性的视频对象资源的数字化生产。可以将原生性视频资源按照数字化制作的方式分为讲座类视频资源和加工类视频资源。

原生性讲座类视频对象资源的制作，是通过摄像机这种数字采集设备创建的数字对象。图书馆经常会有各种主题讲座、公开课讲座、业务培训、专题采访等活动，对于此类活动的拍摄即会产生原生性的视频对象资源，属于讲座类视频资源。对于此类视频资源的数字化建设，要在前期准备阶段，进行资源制作的选题、讲座策划构思、确定拍摄方案、勘察拍摄场地、准备拍摄器材等工作，以保证视频资源的拍摄和制作达到最优效果。

原生性加工类视频对象资源的制作，是基于图书馆已有的数字素材（图书、图片、视音频等），制作出与数字素材内容相关的视频对象资源。图书馆经常会将本图书馆拥有的图书进行数字化加工，并以图书内容为基础，拍摄制作出具有解说、背景乐、字幕于一体的视频对象资源；图书馆还会以现有的视音频对象资源为基础，进行缩减化制作，进而以短小精悍的视频内容揭示原始视频对象资源的核心内容；图书馆也会对常见的业务培训、学术讲座的视频对象资源进行扩充学习内容的视频拍摄和制作，进而制作出扩展学习内容较为丰富、讲解较为生动的视频对象资源。对于此类视频资源的数字化建设，要在前期准备阶段，进行资源制作的选题、素材的收集、视频编辑工具的准备以及字幕文件编辑等工作，进而确保在数字化加工过程中，视频制作和编辑达到预期的效果。

2.2 数字化加工处理

数字化处理可以算作是视频对象资源数字化加工工作中的最主要的业务操作，在这个操作环节中需要按照数字化前期准备阶段约定好的规范性约定，在已经准备完成的采集环境中对拟加工的视频对象资源进行数字化加工处理。

根据原生性视频对象资源与再生性视频对象资源的采集源不同，数字化手段有所差异。图书馆在进行原生性视频对象资源的数字化加工中，要最大限度地拍摄、录制、保留视频对象的所有内容，包括视频对象资源所涵盖的所有声音及画面。图书馆在进行再生性视频对象资源的数字化加工中，一定要注意对原始视频载体介质的保护，不能因为进行了数字化加工操作，而产生任何对原始载体介质的损毁。当遇到原始载体介质状态不稳定、产生损毁不能读取、无合适的播放器可以播放等情况，一定要先暂停对原始载体介质的操作，直到找到解决的方法，使用相匹配的技术才能重新开始进行数字化加工。

2.2.1 视频对象资源的组成

视频对象资源与音频对象资源有所不同，图书馆进行数字化加工产生的视频对象，一般来说会包括以下一种或多种资源的组合体：视频文件、音频文件、视音频合一的文件、字幕文件、描述性文件、附属物文件。

单一的视频文件是指只有视频信息的单一的文件。图书馆在进行视频拍摄、视频编辑后会产生单一的视频文件。通常通过摄像机、录像机、视频拍摄器、视频编辑器或者非线性编辑系统产生单一的视频文件。在图书馆进行数字化加工时，首先必须要数字化产生最高分辨率、无压缩的单一视频文件。

单一的音频文件是指只有音频信息的单一的文件。图书馆在进行视频拍摄过程中，为最大限度地保留视频内容，同时方便后续的再加工和编辑，均会多声道独立存储单一的音频文件。此类音频文件，可以是人的语音，也可能是录制过程中的背景音。为保障录制的完整性、后续的编辑加工的质量，音频文件要采用压缩的编码方式进行保存。图书馆的视频对象资源可以包含一个或多个音频文件，这些音频文件可以是多声道内容的不同声道，或者多语种内容的不同语种，或者包含节目的国际声、现场声等。

视音频合一的文件是指将视频信息与音频信息融合在一起的视音频文件。这类文件是用户常见的视频文件的形式，就是视频的画面与音频的语音紧密配合在一起，成为一个完整的视音频文件。图书馆在制作视音频合一的文件时，要注意在保证图像和声音质量的前提下尽量降低码率，进而可以减少图书馆视音频文件的存储成本，降低视音频文件通过网络提供服务所需带宽消耗。一个视音频合成文件，会由一个视频文件与一个或多个音频文件的组成。在数字化加工中，图书馆可以根据资源保存、资源服务以及服务的不同渠道的需求，将视音频合一文件制作成不同的分辨率、不同的码率，进而可以提供不同质量的视频内容，适配用户的选择或网络环境。

字幕文件是指视音频资源制作过程中使用的，或在提供服务时随视音频文件显示的字幕信息的文件。图书馆在进行视频对象资源数字化加工中，一定要将字幕文件制作成独立的工程文件，并且该字幕工程文件是可以被编辑、修改和再加工利用的文件。此外，图书馆可以根据业务的需要，单独对字幕文件进行语种的翻译。在提供服务时，可以将视频文件与单独的字幕文件打包在一起，形成一个完整的视频文件；也可以将多个字幕文件与视频文件打包在一起，在服务时由用户自由选择自己想要的字幕文件（例如多语种）。因此，一个视频对象资源可以包含一个或多个字幕工程文件，包含一个或多个发布用的字幕文件。

附属物文件指与数字化加工视频对象资源相关的文本、图像等附属物件的数字化文件。为了保证数字化加工的完整性、对原始视频内容的复制性，与视频对象资源相关的附属物资源也要根据附属物的资源类型，遵照相应的资源加工规则。例如，附属物是文字类介绍，则要按照文本数字化的规则进行数字化加工；附属物是音频的介绍类的图片，则要按照图片数字化的规则进行数字化加工。必须注意的一点，在附属物完成数字化加工后，必须要将视频对象资源与其所包含的一个或多个附属物件，通过元数据实现关联，进而形成此视频对象数据的完整的数字化对象。

描述文件也就是该视频对象资源的标引文件。图书馆在进行视频对象资源数字化加工中，一定要详细记录该视频对象的相关信息，例如视频名称、题名、责任者、主题、出版、载体形态、内容摘要、语种、标识符等基本信息以及与视频相关的片段、分集以及文件格式、版权信息、加工技术指标等信息。一个视频对象资源通常包含一个描述文件。描述文件对于视频对象资源的数字化加工，是不可缺少的一类文件。

2.2.2 视频对象资源的技术参数

图书馆进行视频对象资源数字化加工操作，其目标无论是要对视频对象资源进行数字化保存还是为未来利用数字化资源提供服务，均应该综合考虑到视频对象资源的内容多样性和使用场景复杂性，不同规格的视频对象数据要分别采用相应的技术参数进行数字化加工操作。

1. 视频对象数据的关键技术参数

视频对象资源数字加工过程中，有四个非常重要的技术参数，是需要在数字化操作前就确定下来，并且在数字化过程中遵照和使用的。参数包括：视频分辨率、量化位、通道数、编码格式。

1）视频分辨率

视频分辨率又可称为视频解析度、解像度，指的是视频图像在一个单位尺寸内的精密度[69]。分辨率决定了视频图像细节的精细程度，是影响视频质量的重要因素之一。对于图书馆数字化加工的视频对象资源，通常包括母版级、编辑保存级、存储级以及发布级四个不同级别，每个级别对应的视频文件的分辨率有较大区别，如表 2-3 所示。

表 2-3　不同级别的视频对象资源的分辨率

加工级别	类型	分辨率
保存、发布服务用高码率	超高清视频	3840×2160
	高清视频	1920×1080 或 1280×720
	标清视频	720×576
检索浏览用低码率	超高清视频	960×540
	高清视频	960×540
	标清视频	352×288

在视频参数中经常会见到的"P"是 Progressive 的缩写，表示"逐行扫描"。720P 指代 1280×720 分辨率，表示视频的水平方向有 1280 个像素，视频的垂直方向有 720 个像素。下面列举一些常见的像素值：

360P：代表 640×360 分辨率，是常见的标准电视格式（Standard-definition television，SDTV）。

540P：代表 960×540 分辨率，主要提供手机、PAD 等移动端用户及部分 PC 端用户使用。

720P：代表 1280×720 分辨率，通常简称为"高清"。720P 是高清的最低标准，因此也被称为"标准高清"。只有达到了 720P 的分辨率，才能被叫作高清视频。目前这种分辨率在视频网站中使用得比较多。

1080P：代表 1920×1080 分辨率，表示视频水平方向有 1920 个像素，视频垂直方向有 1080 个像素，也被称为"全高清"。这种分辨率较多地应用于电视、PC 网络端以及手机等移动端使用。

2160P：代表 3840×2160 分辨率，表示视频水平方向有 3840 个像素，视频垂直方向有 2160 个像素，也被称为"超高清"。从分辨率来看，2160P 的清晰度达到了 1080P 的四倍，主要应用于电视行业、电影行业、手机行业等。

2）视频帧率

视频帧率（Frame rate）表示视频内容以帧为单位的位图图像连续出现在显示器上的频率（速率）[70]。每秒钟的帧数（Frames Per Second，简称 FPS）越多，视频显示出来的画面越流畅。

图书馆在数字化加工视频对象资源时，通常采用标准的 PAL 制式的帧率 25 f/s，部分视频为 15 f/s，对于 Full HD 全高清视频，帧率为 25 f/s 或 30 f/s，4K 超高清视频帧率为 50 f/s。

需要注意的一点，应用于视频网站的全高清视频所对应的帧率，是与电视上的全高清视频的帧率有所不同的。视频网站应用的视频的 25 f/s 或 30 f/s 相当于广播电视行业使用的 1080 50i 和 1080 60i。

3）视频码率

视频码率是数据传输时单位时间传送的数据位数，单位为千位每秒（即kb/s）[71]。通俗地可以将码率理解为取样率，单位时间内取样率越大，视频的精度就越高，数字化处理产生的文件就越接近原始文件，视频画面的细节越丰富，视频的画面质量越高。常见的几类视频码率如表 2-4 所示。

表 2-4　不同类型视频对象资源的关键技术参数

类型	视频分辨率	视频帧率	视频码率
2160P	3840×2160	50 f/s	20 Mb/s
1080P	1920×1080	25/30 f/s	2.8 Mb/s
720P	1280×720	25 f/s	1.5 Mb/s
540P	960×540	25 f/s	800 kb/s
360P	640×360	25 f/s	300 kb/s

4）视频封装格式

视频封装格式是指将已经编码压缩好的视频轨和音频轨按照一定的格式放到一个文件中。常见的视频文件封装格式包括：AVI、FLV、MKV、MOV、MP4、RM/RMVB、TS、WMV 等。

随着数字技术和网络技术的发展，为了保障视频的播放效果、提升网络适应性，视频网站较为普遍地采用 FLV、MP4、HLS 作为视频文件的封装格式。

素材交换格式 MXF（Material Exchange Format）是美国电影电视工程师协会（Society of Motion Picture and Television Engineers，SMPTE）定义的一种视音频媒体容器格式[72]。作为视音频文件的封装"容器"，MXF 既可以支持流媒体传输，又可以支持视频文件的传输。MXF 封装格式目前主要应用于影视行业的媒体制作、媒体编辑、媒体发行和存储管理等。MXF 格式的视频文件可以使用爱奇艺万能播放器、AVC 视频转换器、VLC 播放器读取。

MP4 全称 MPEG-4 Part 14，是一套用于音频、视频信息的压缩编码标准，由国际标准化组织（ISO）和国际电工委员会（IEC）下属的动态图像专家组（Moving Picture Experts Group，即 MPEG[73]）制定。MP4 封装格式被广泛应用于封装 H.264 视频和 AAC 音频，可以看作是高清视频的封装格式代表。此外，因为 MP4 封装格式具有较好的适用性，可以支持多种类型的终端、多种类型的播放器，既适用于普通的 PC（个人计算机）视频播放，又适用于互联网视频服务、光盘、语音视频电话以及电视广播等，是跨平台表现最为突出的视频封装格式。

WMV 全称为 Windows Media Video，是微软推出的一种流媒体格式[74]。WMV 封装格式具有多语言支持、环境独立性等优点，WMV 格式的视频文件可以在网络环境下同时进行播放与下载，因此非常适合网络播放和网络传输。

TS 的全称是 Transport Stream（传输流）。TS 是一种高清视频封装格式，常见于 HDTV（High-Definition TV）文件[75]。TS 封装格式能够封装多音轨、多个字幕文件，具有较灵活的特性。TS 封装格式的视频的分辨率通常有以下三种标准：720P（1280×720）、1080I（1920×1080）、1080P（1920×1080）。TS 封装格式支持对视频流的任何片段都可以独立解码，具有良好的容错能力，支持视频播放的硬件设备较为宽泛，广泛应用于电视台、数字广播、手机等需要实时传输视频资源的领域。

2.2.3　视频对象资源附属物处理

视频对象资源在进行数字化加工时，还需要对与视频对象资源相关的文本、图像等附属物件进行数字化加工操作。例如，视频对象资源常常有介绍性的文字材料、海报、封面图等，讲座类的视频对象资源还有与讲座主讲人相关的介绍性材料、背景图、主讲人头像等相关资源。在进行数字化加工过程中，一定要根据附属物的资源类型，遵照相应的资源加工规则进行数字化加工。

在视频对象资源的附属物中，还有一类比较重要的附属资源是字幕文件。字幕文件对于视频内容的揭示很重要。因此，在数字化加工中，字幕文件有一些特定的技术要求，如表 2-5 所示。

表 2-5　字幕文件的技术要求

字幕文件细节	数字化要求
字幕字数	画幅比为 4∶3 的视频,每行字幕不超过 15 个字;画幅比为 16∶9 的视频，每行字幕不超过 20 个字
字幕行数	每屏只有一行字幕
字幕的位置	每个视频中字幕出现位置保持一致
字幕时间	字幕时间与视频音频的同步性误差应小于 0.5 秒;全场视频存在同步性误差的字幕不应超过 10 行
字幕文字	字幕文字编码格式为 Unicode（UTF-8）;字幕要使用符合国家标准的规范字，不出现繁体字、异体字（国家规定的除外）、错别字;字幕的字体、大小、色彩搭配、摆放位置、停留时间、出入屏方式力求与其他要素（画面、音乐）相协调，不能破坏原有画面
字幕中标点符号	字幕中标点符号的使用必须规范，在每屏字幕中用空格代替标点表示语气停顿，所有标点及空格均使用全角
字幕的断句	断句不能简单地按照字数断句，要以字幕内容作为断句依据
特殊情况	不适合用文本形式呈现的内容，例如数学公式等，可以不加配字幕

在附属物完成数字化加工后，还需要将视频资源与其所包含的一个或多个附属物件，通过元数据实现关联，进而形成此视频对象资源的完整的数字化对象。

2.2.4　视频对象资源数字化加工示例

下面以图书馆实际工作的流程为例，讲解视频对象资源数字化加工的流程和技术要求。

1. 原生性视频资源数字化加工

原生性视频资源的数字化加工过程，是通过拍摄、摄制形成视频对象资源或将图片、音频及背景音乐等进行编辑、整合，生成视频对象资源。下面以公开课讲座的视频资源建设为例进行举例说明。

一般来说，图书馆进行原生性视频对象资源的数字化制作工作需要包括三个阶段：前期准备阶段、拍摄制作阶段、后期加工阶段。三个阶段要有继承性、连续性和一致性。

1）前期准备阶段

这个阶段是对原生性视频对象资源的内容选择和拍摄准备工作。内容选择上，所选课程视频应具有开放性、知识性、互动性等特点，无政治性、原则性、意识形态以及知识性的错误。拍摄准备上，要按照数字化制作中需要的技术指标和环境要求，对相关的拍摄对象及场地、环境等进行了解、勘察；拍摄设备及器材的准备和检查；拍摄人员确定、合理分工等工作。

2）拍摄制作阶段

拍摄采访是原生性视频对象资源数字化加工中获取影像和声音材料的最重要环节。在拍摄中，要以被拍的对象为基准调焦，将画面记录于摄像器材。按摄取画面的范围分为：远景、全景、中景、近景、特写和显微等。摄像技巧包括镜头的运用——推、拉、摇、移、跟等，镜头的组合——镜头拍摄的淡出、淡入、切换及叠化等。在起幅的广角阶段和落幅的长焦阶段以及变动镜头焦距或移动机位，始终保证镜头画面框架对准被拍对象进行拍摄。同时，还要注意拍摄现场的声音的录制和控制。一般而言，拍摄是既要声音、又要画面，特定情况下会有重点：有时以声音为主，有时以画面为主，有时以特定细节为主，需要注意。

（1）视频拍摄的几点要求。

稳：视频画面不稳、镜头晃动会很大影响视频内容的表达，破坏观众的欣赏情绪，使眼睛疲劳。切忌边走边拍，这样会造成很大的晃动，除非特殊情况。在情况允许时，应尽量利用三脚架来减轻画面晃动，或充分利用各种支撑物，如身边的树、电线杆、墙壁等。

平：视频拍摄中，要将所摄画面中的地平线保持水平。寻像器中看到的景物图形应横平竖直，以寻像器的边框为准来衡量。画面中的水平线与寻像器的横边平行，垂直线与寻像器的竖边平行。如果线条歪斜了，将会使观众产生某些错觉。

准：视频拍摄的落幅要准。当某个技巧性镜头（推）结束时，落幅画面中镜头的焦点、构图应该是正好的。任何落幅之后的构图修正，都会明显地在画面中表现出来，而且落幅后还修正构图会给观众造成一种模棱两可的印象。总的来说，固定（静态构图）镜头和运动（动态构图）镜头在拍摄的过程中，画面的抓取、构图应准确、和谐。

匀：在拍摄过程中，运动镜头的速率要匀，不能忽快忽慢，无论是推、拉、摇、移还是其他技巧，都应当匀速进行。镜头的起、落幅应缓慢，不能太快。拍摄静态物体以看得见为准，中间必须是匀速的。

清：视频拍摄的画面对焦应清晰。

（2）音频录制的几点要求。

音量电平应保持在-20 dB 至 0 dB 之间，音频信噪比不低于 48 dB。

声音和视频画面要保持同步，音频播放流畅，无交流声或其他杂音等缺陷。

视频拍摄过程中的伴音要清晰、饱满、圆润，无失真、噪声杂音干扰，不能出现音量忽大忽小等现象。

3）后期加工阶段

在完成了拍摄工作后，后期加工是图书馆做视频对象资源处理比较重要的一项工作，这个阶段要按照数字化加工处理中，不同级别视频对象资源的技术指标，处理拍摄获取到的素材以及文件。原生性视频对象资源的加工，必须要生成母版级视频对象数据、编辑保存级视频对象数据以及存储级视频对象数据。是否要加工生成发布级视频对象数据，则要视图书馆的具体业务需求而定。

在母版级、存储级视频对象数据的加工中，必须保证有独立的视频文件、独立的音频文件、独立的字幕工程文件以及视音频合一文件。这些独立的文件是最大限度地保留录制现场以及录制对象的声音、动作和行为的记录，是原生性视频对象资源数字化加工最重要的实现目标。存储级视频节目资源对象、发布级视频节目资源对象数据的加工中，只需要有视音频合一文件、字幕文件即可。

此外，公开课讲座视频的数字化制作过程，除了视频、音频文件以外，还要注意与讲座课程相关的附属文件，例如字幕文件、讲座的封面图、讲座的背景图、教师的头像、教师的授权书等内容，都需要按照所属资源类型的数字化加工规范进行数字化加工，并保留数字化文件。

2. 再生性视频资源数字化加工

再生性视频对象资源的数字化过程，要将原始的视频资源进行完整采集，并注意分辨率、视频帧率、色度抽样以及视频码率等技术参数的设置。再生性资源的数字化处理过程可分为内容采集、压缩转换、视频编辑、附属物件处理等环节[76]。

（1）内容采集：再生性视频对象资源在数字化加工中，比较重要的一个环节就是对原始的视频对象资源进行内容采集。对于原始视频对象资源是模拟视频的情况，可通过视频采集卡将所有内容完整地采集并进行存储及管理；对于数字磁带的视频内容的采集，可通过视频采集卡和数据线将磁带上的内容完整地进行采集和存储；对于数字视频光盘，可通过视频文件读取软件将视频内容、片花、花絮、字幕等信息，完整地拷贝到存储设备上进行存储管理。

（2）压缩转换：图书馆根据数字化加工的目标以及未来是否要提供服务等条件，来确定不同级别的视频对象数据的压缩方式。

（3）视频编辑：图书馆在完整采集到原始的视频对象资源的所有内容后，还需要进一步进行编辑加工。针对母版级、存储级视频对象数据，在保证有独立的视频文件和独立的音频文件基础上，还需要编辑加工出一份视音频合一的文件。此外，在视频编辑的工作中，还需要对视频的色彩饱和度、亮度、对比度等进行处理，对片头、片尾及字幕进行加工等操作。此处一定要注意，对于母版级视频对象数据的编辑，只能是视频与音频合一的编辑，不能做任何对原有素材编辑、改变的操作。

（4）附属物件处理：图书馆要重视视频对象资源的所有相关附属物件的

数字化处理。一般的视频对象资源常常会有视频的介绍性材料、视频介质的印刷物（封面、海报等），这些附属物的数字化处理同样重要，一定要按照所属资源类型的数字化加工规范进行数字化加工，并保留数字化文件。

2.3 质量管理

质量管理是视频对象资源数字化加工生命周期中必不可少的阶段，而且应该贯穿于整个数字化加工过程，不但应该在数字化加工前期准备、加工过程中，还应在数字化成品的保存和利用的过程中。通过质量管理，检查和核查数字化加工产生的数字化产品的数字内容、技术指标以及数据质量是否达到预期的标准和目标。在图书馆实施质量管理工作时，可以使用技术手段、工具软件以及人工核查等方式操作。

2.3.1 数字化加工过程中的质量管理

图书馆进行视频对象资源数字化加工过程中，应该按照前期准备阶段的规范性约定中的技术指标、处理规则以及规范要求进行数字化操作，并由负责质量管理的人员对加工环节进行全面彻底的质量管理。质量管理的范围包括：一致性、完整性、技术指标满足性等。在加工过程中的质量管理，必须对数字化加工的所有数字化成品进行全部内容、全部范围的质量管理，不能出现漏检、漏查的情况。

1. 一致性质量管理

在数字化加工过程中，专业的加工质量管理人员对加工中的视频资源通过全程跟踪、关键节点监听等方式，确保数字化加工后的视频对象资源与原始视频对象资源一致，如果出现不一致要及时暂停数字化加工，并查找相应的问题。在实际的工作中，也可以根据待数字化加工的视频对象资源的内容和时长，定义关键事件及时间节点，对节点进行监听，进而提高数字化加工过程中的质量管理能力。

在监听过程中，要特别注意在数字化过程中是否出现视频画面抖动、偏移、白屏、移动过快、颜色失真等问题，声音是否出现噪音、颤抖、声音与画面不同步、出现其他干扰音、无声音等问题。如果有，则要立刻停止数字化加工，并要求数字化加工人员进行调整和重新数字化加工。

2. 完整性质量管理

在数字化加工过程中，由专业的加工质量管理人员对加工中的视频对象资源，从完整性角度进行质量管理。检查数字化后的视频对象资源是否与原始视频资源时长一致、关键时间节点的画面内容一致、不能出现缺画面、空白画面等情况。如果出现任何与原始视频不一致的问题，均要做详细记录，并要求数字化加工人员查找问题所在，重新进行数字化加工。

3. 技术指标满足性质量管理

在数字化加工过程中，由专业的加工质量管理人员对加工中的设备所设置的技术参数进行核查，尤其要注意同一批视频对象资源在不同时期进行数字化加工时，技术参数要保持统一。要对数字化视频资源的关键技术参数，包括视频分辨率、量化位、通道数，音频的采样频率、位深度、编码方式等逐一进行检查，要保证数字化加工过程中技术参数的设置与数字化加工前期准备阶段的规范性约定中的技术指标一致。如果发现任何不一致或者配置错误的问题，应该立即停止数字化加工操作，并对相关情况做详细记录，并要求数字化加工人员查找问题所在，重新进行数字化加工。

2.3.2 数字化成品的质量管理

图书馆在完成了视频对象资源数字化加工后，对数字化成品的质量管理更为重要。在这个阶段中的质量管理，着重于数字化成品的视频对象数据质量管理、附属物质量管理以及存储介质质量管理。质量管理由质量验收相关人员执行，可以采用全部内容完全检查、按一定比率的采样抽检以及多轮变化比例的抽检的方式进行。

一般来说，图书馆在进行数字化成品质量管理中，应该设置一个错误率数值（例如 0.1‰ ~ 0.3‰），在这个错误率范围内的数字化成品，可以进行修正。一旦错误率超过这个错误率范围，视为数字化成品不合格，则需要将发生错误的批次全部返回到数字化加工流程中重新进行数字化加工。

1. 视频对象资源数字化成品质量管理

图书馆在进行视频对象资源数字化加工后，数字化成品包括较多类型的文件，不但有独立的视频文件、独立的音频文件，还有视音频合一文件。因此，对视频对象资源成品进行质量管理，不仅要包括对所有类型的对象数据的质量管理，而且还要包括元数据、对象数据加工信息表、各种类型的对象数据加工说明文件等。

在视频对象数据的技术参数质量管理上，要对所有独立的视频文件、独立的音频文件、视音频合一文件进行逐一的检查。视频文件要检查文件中是否有黑屏、白屏、空白帧、色彩突变、镜头抖动、画面跳跃、画面模糊、赘余视频片段以及视频内容缺失等情况。音频文件要检查文件是否有停滞、无声、噪声、混音、模糊、失真、有交流声或其他杂音、内容不完整等情况。视音频合一文件要检查是否有黑屏、白屏、空白帧、镜头抖动、画面跳跃、画面模糊、赘余视频片段、视频内容缺失、画面与声音发生错位、伴音失真、噪声杂音干扰、音量忽大忽小现象等情况。不符合质量要求的视频对象数据，应进行详细记录，并返回给数字化加工部门进行校正或重新制作。

在视频对象数据的内容质量管理上，母版级、编辑保存视频对象数据的数字化成品，必须保留原始的视频对象资源所有信息，进而保持原始视频对象资源的完整性；数字化加工时如有 A 面、B 面的情况，数字化加工后也要体现出 A/B 面的物理特性。存储级、发布服务级视频对象，在完整继承母版级、编辑保存级文件的内容基础上，还应体现出独立的内容单元，检查是否有不同内容单元保存在一个个体中的情况。如果出现任何内容缺失、内容错误、内容重复的情况，则要进行详细记录，并返回给数字化加工部门进行校正或重新制作。

在视频对象数据的元数据质量管理上，要核查元数据是否符合标准规范的要求、是否准确描述视频对象、是否有错字、标引不准确等问题。

2. 附属物质量管理

一般来说，图书馆在进行视频对象资源数字化加工时，必须同时对视频对象资源的附属物一同进行数字化加工。那么在数字化成品质量管理中，必须要对附属物进行质量管理。

视频对象资源的附属物中，比较重要的一类资源是字幕文件。字幕文件要作为独立的文件，以工程文件（例如 SRT 格式）的形式存在。在字幕文件的质量管理上，要注意字幕的位置是否每一个画面均相同、每一行的字幕字数是否符合要求、字幕中是否有错别字、文字编码是否正确、标点符号以及断句是否正确、字幕是否与画面内容一致等。

在附属物质量管理中，还要注意与讲座课程相关的讲座的封面图、讲座的背景图、教师的头像、教师的授权书等内容的质量管理。检查所有文件是否可以正常地打开、是否有病毒、是否正常显示、技术指标是否正确。还需要检查附属物对象文件的保存位置是否与数字化加工前期准备阶段约定的一致、附属物与视频对象数据的关联关系是否正确。

当通过检查发现附属物数字化资源出现问题，需要在详细记录问题的基础上进行修改。如果是缺失性问题、加工技术参数错误类问题，则需要返回到数字化加工阶段重新进行数字化加工。

2.4 标记

标记是要对数字化加工产生的视频对象数据进行规范化的命名和管理。无论是数字化成品的元数据、单一的视频对象数据、单一的音频对象数据、还是视音频合一对象数据以及附属物文件等，都要在统一规范的命名规则下进行命名。数字化加工产生的成品视频对象资源相关数据，以一个资源对象为单位，该视频对象资源包含的所有文件均应保存在同一个文件夹下面。

2.4.1 标记的规则

图书馆在对数字化成品的文件及文件夹标记时，要用唯一的标识来进行命名，标识不能有重复，并且标识结构要具有连续性和一致性。当文件名称采用流水顺序号时，同一数据的流水号不得有跳号情况，要按顺序排列命名。推荐采用资源代码、资源级别代码、资源名相结合的方式组成视频对象资源数字化成品的命名，各部分直接连接，不使用连接符号。

视频对象资源数字化成品的文件及文件夹的命名字符必须严格遵守计算机系统对文件命名的限制，即不能有汉字或者特殊字符。文件命名方式不能依赖于某种处理方式或者系统，必须是长期可用的。标识具有唯一性、连续性，不能与其他资源的标识符重复。文件扩展名采用三位半角小写字母。

对于同一个视频对象资源，其所有的数字化对象文件保存在同一个文件夹下，不同类型的对象文件的文件名前缀应相同，根据文件类型不同、分辨率和码率不同，在文件名的后缀部分做区分。其中，为了清晰地区分不同级别的对象资源，分别用字母 M 表示母版级视频对象资源，字母 A 表示编辑保存级视频对象资源，字母 S 表示存储级视频对象资源，字母 P 表示发布级视频对象资源。

2.4.2 标记的示例

为了方便本书使用者清晰地理解视频对象数据文件标记的规则，准确地将规则应用于自己的实际工作中，同时消除对多层级视频对象数据文件命名的疑惑，本书按照标记的规则，以图书馆实际工作中制作视频对象资源为例，讲解视频对象数据文件及对象文件夹的标记规则和命名方法。

1. 再生性视频对象资源标记

数字化加工完成的再生性视频对象资源，需要以文件目录的形式保存所有数字化文件。文件目录结构可以分为三级，一级目录只包含文件夹；二级目录包含文件夹和集合层标引数据文件；三级目录包含对象数据和个体层标引数据文件。

（1）一级目录文件夹命名：4位加工年份+2位载体代码+4位种顺序号。

加工年份为4位，如"2020"；载体代码为2位，按照《载体类型录入与代码对照表》中的代码进行录入，如表2-6所示。例如CD为"01"，U-matic 3/4英寸录像带为"27"，1/2英寸录像带为"28"。种顺序号为4位，从0001开始。

例如：2020年制作的U-matic 3/4英寸录像带第二种，则文件夹命名为"2020270002"；2020年制作的1/2英寸录像带的第五种，文件夹命名为"2020280005"。

表2-6　视频对象资源载体类型录入与代码对照表

载体名称	载体录入	载体代码
U-matic 3/4英寸录像带	U-matic	27
1/2英寸录像带	VHS	28

（2）二级目录文件夹命名：3位存储介质顺序号，从001开始。

集合层标引数据文件命名：4位加工年份+2位载体代码+4位种顺序号（与一级目录文件夹命名相同）。例如：2020年制作的U-matic 3/4英寸录像带第一种，则标引文件命名为"2020270001.xml"。

（3）三级目录下就保存有具体的视频对象数据。不同应用级别的视频对象数据的命名有所不同，要根据其级别分别进行命名。

存储级视频对象文件命名：1位逻辑号+2位文件流水号（从01开始）。逻辑号表示视频对象资源物理载体的A、B面，规定"0"表示A面，"1"表示B面。例如：原始载体若有两面，则A面文件命名为"001.wmv"；B面文件命名为"101.wmv"。

发布级视频对象数据命名则要复杂一些，因为发布级视频对象资源要细分出视频内容的不同类型。发布级视频对象文件命名：1位逻辑号+1位视频类型代码（如表 2-7 所示）+1 位文件流水号（从 1 开始）。逻辑号表示视频对象资源物理载体的 A、B 面，规定"0"表示 A 面，"1"表示 B 面。

例如：VHD 高密度视盘（只有一面）中的第一个正片命名为"0A1.mp4"

例如：VHD 高密度视盘（有两面）中 B 面的第二个花絮命名为"1F2.mp4"

表 2-7　视频对象资源内容代码

视频内容类型	对应代码
正片	A
版权信息	B
载体信息	D
花絮	F
影片介绍	G
其他	Z

2. 原生性视频对象资源标记

图书馆在做原生性视频对象资源的数字化加工时，与再生性视频对象资源的数字化成品标记有所不同，原生性要体现出视频对象数据的多个加工级别的文件。因此，原生性视频对象数据含三级目录：一级目录为总文件夹，二级目录包含视频文件夹、字幕文件夹等各种对象数据文件夹，三级目录即为具体的各种类型的对象文件。

（1）一级目录文件夹命名：加工年份+4 位视频名称。

加工年份为 4 位，如"2020";视频名称为视频项目名称，如：2020 年业务讲座视频，文件夹命名为"2020YWJZ"。

（2）二级目录下分类保存各类视频对象数据文件夹

二级目录下存在着多个文件夹，包括有视频文件夹、音频文件夹、主讲人头像文件夹、字幕文件夹、封面图文件夹、背景图文件夹、可下载附件文件夹、富文本文件夹、讲座授权书文件夹等。其中讲座标识号规则为"加工年份+4 位机构代号+4 位讲座名称+4 位流水号"，如"20200000YWJZ0001"。

（3）三级目录下保存有具体的各种类型的视频对象数据文件。

三级目录下具体的视频对象文件是与二级目录的文件夹紧密相关的，因此在这里以视频对象文件的不同类型来说明二级目录与三级目录之间的关系。

二级目录下的视频文件夹：以"video"为文件夹命名。该视频文件夹的三级目录包含所有视频资源文件，三级目录文件夹的命名为"讲座标识号+V"。例如"20200000YWJZ0001V""20200000YWJZ0002V"。文件夹里面是具体的视频对象文件，命名规则为"讲座标识号+V+加工级别+下划线+2位流水号"。不同加工级别的视频对象文件要通过不同的字母来区分，字母 M 表示母版级，字母 A 表示编辑保存级，字母 S 表示存储级，字母 P 表示发布级。例如：母版级文件"20200000YWJZ0001VM_01.mp4"，编辑保存级文件"20200000YWJZ0001VA_01.mp4"，存储级文件"20200000YWJZ0001VS_01.mp4"，发布级文件"20200000YWJZ0001 VP_01.mp4"。

二级目录下的音频文件夹，以"music"为文件夹命名。该音频文件夹下包含视频对象资源数字化加工产生的所有独立的音频文件，具体的文件命名为"讲座标识号+M+加工级别+下划线+2位流水号"。只有母版级（M）、编辑保存级（A）的数字化文件中包含独立的音频文件，故母版级音频文件如"20200000YWJZ0001MM_01.wav"，编辑保存级音频文件如"20200000YWJZ0001MA_01.wav"。

二级目录下的主讲人头像文件夹命名为"head"，直接包含该数字化加工的所有讲座主讲人的头像图片。各主讲人头像图片按主讲人 ID 命名。如"900001.jpg"。

二级目录下的字幕文件夹命名为"srt"，用于存放视频的字幕文件。文件夹内各讲座视频的字幕文件夹命名参照视频文件夹命名规则："讲座标识号+S"，如"20200000YWJZ0001S"。三级目录下的字幕文件命名：各个视频的字幕按"讲座标识号+S+下划线+2位流水号"命名，例如"20200000YWJZ0001S_01.srt"。

二级目录下的讲座封面文件夹命名为"coverpic"，包含数字化加工的所有讲座封面图片。文件夹内各讲座封面文件夹命名参照视频文件夹命名规则："讲座标识号+C"，如"20200000YWJZ0001C"。三级目录下是封面图片文件，命名为"20200000YWJZ0001C.jpg"。

二级目录下的讲座背景文件夹命名为"backpic"，包含数字化加工的所有讲座的背景图片。文件夹命名参照视频文件夹命名："讲座标识号+B"，例如"20200000YWJZ0001B"。三级目录下是所有背景图片，命名为"20200000YWJZ0001B.jpg"。若没有背景相关内容，则该文件夹内容空置。

二级目录下的可下载附件文件夹命名为"attachment"，包含讲座课件及相关文档。三级目录下是所有的附件文档，命名为"讲座标识号+A"，例如"20200000YWJZ0001A.pdf""20200000YWJZ0001A.ppt"。如果没有可下载附件的相关内容，则文件夹内容空置。

二级目录下的富文本文件夹命名为"doc"，包含所有讲座的富文本介绍文档。三级目录下是所有富文本文件，命名为"讲座标识号+D"。例如"20200000YWJZ0001D.doc"。若没有富文本文件，则该文件夹内容空置。

二级目录下的授权书文件夹命名为"authorization"，包含讲座的授权书图像。三级目录下是所有授权书，命名为"讲座标识号+E"。例如"20200000YWJZ0001E.tif""20200000YWJZ0001E.jpg"。

2.5 保存和利用

数字化加工生成的成品视频数据，一定要首先实施长期保存。完成了长期保存的工作，后期再按需求进行相应的服务和应用。在视频文件的保存和利用上，必须完整地保存视频对象包含的元数据、对象数据、说明文件以及视频对象的所有附属物相关数字化文件。

2.5.1 保存

图书馆在进行视频对象资源数字化加工的工作时，必须明确遵照一个原则——所有数字化成品数据必须首先进行长期保存管理，此后再根据需求有选择地建设其他服务文件。在实际应用中，不同机构可以根据本机构的资金条件、服务需求、使用目的自由选择存储介质。

在数字化成品文件的保存上，根据图书馆的业务情况，一般分为四种类型的保存：在线保存、近线保存、离线保存、过程保存。

在线保存指数字化数据保存在服务器上，随时可以根据需要进行读取和调用。在图书馆的应用中，常用服务器存储、磁盘阵列存储等存储管理模式实现在线保存。视频对象数字化成品中，发布级视频对象资源主要采用在线保存的方式进行保存和管理。

近线保存指数字化数据保存在服务器存储或者磁盘阵列、磁带库存储上，根据业务需求可以在有一定时间延迟的情况下，提取或展示出数字化数据。在实际工作中，图书馆可以采用综合成本稍低的低速磁盘阵列或者磁带库进行近线保存管理，进而在保证数据安全的情况下，保障近线数据的可读性和可访问性。编辑保存级视频对象资源、存储级视频对象资源可以采用近线保存的方式进行保存和管理，满足视频内容编辑、数据提取以及再加工等业务操作的需求。

离线保存指数字化数据保存在离线的存储介质上，一般来说通过磁带库、光盘以及缩微胶片来实现离线保存的功能。从数字资源管理上来说，数字化数据的长期保存级数据进行长期保存，原则上要通过离线保存的模式，对长期保存级数据不再提取或者使用。部分珍贵资源的长期保存级数据还通过数转模技术制成缩微胶卷进行保存。母版级视频对象资源要通过离线保存的方式进行保存和管理，并且要定期对离线保存的介质和系统进行长期保存管理，进而保障长期保存的数字资源的长期可用性。

在视频对象资源数字化加工及管理过程中，还需要进行过程保存。可以使用移动硬盘作为过程保存的存储介质，用于数据交接、数据验收、提交发布、提交保存等过程环节。待数字化成品数据完成了长期保存和提交发布业务，标志着过程保存的工作结束，就可以将移动硬盘格式化，重新释放存储空间。

2.5.2 利用

数字视频对象资源加工处理后，会产生多种不同用途和级别的视频对象数据文件。一般来说，视频对象数据分为母版级视频对象资源、编辑保存级视频对象资源、存储级视频对象资源、发布级视频对象资源，分别满足数字资源当前与长期利用的需要。因此在视频对象数据的利用和管理上，要区分对待不同级别的数据和文件。

母版级视频对象资源，是作为视频对象资源数字化加工产生的最完整、最复原化的数字化成品，要进行长期保存和妥善管理，不能对这类资源进行提取、频繁读写。在长期保存这类资源的过程中，要制定合理的长期保存策略，并通过各种技术手段保护视频对象数据的安全，使其具有长期可用性。

编辑保存级视频对象资源，是以编辑保存为目的的数字成品，图书馆在实际应用中，可以对此级别的数字对象进行编辑和再利用，进而生产出服务级的对象资源。存储级视频对象资源、发布级视频对象资源都是经过编辑再加工产生的视频对象资源，他们都是面向最终的用户服务而产生的文件，也可以看作是原始的、母版级的视频对象资源的替代性资源。在对存储级视频对象资源、发布级视频对象资源进行利用时，要根据终端用户的需求、提供服务的渠道、编码质量以及压缩效率等因素，分别提供相适应的超高清资源、高清资源以及标清资源等不同级别的服务级文件。

2.6 视频对象资源数字化加工中常见错误及问题详解

本书所述的视频对象资源数字化加工处理的技术细节、参数要求、流程规范以及质量管理，是保障视频对象资源数字化成品符合规范要求的前提条件和必备基础。但是从实际的数字化建设工作实践来看，即使有严谨的标准和规范的要求，也会出现某些错误和失误。笔者以所在单位实施过的多个视频资源建设项目为例，总结出一些视频对象资源数字化加工中常见的问题，并逐一对问题进行了解释说明，以资为图书馆相关业务人员提供较为清晰的实践案例说明。

2.6.1　视频技术指标相关问题

在进行视频对象资源数字化加工前以及加工中，均应该对视频对象数据的技术参数进行规范性预定与核实，其中有任何一点微小的差错都会造成视频对象资源的数字化成品出现质量问题，例如：技术参数设置错误，导致画面比例失调；视频画面跳跃且画面不清晰；音画不同步；配音未完，字幕已切换到下一行；视频画面和声音卡顿，播放不流畅；音频设置为单声道等情况。

（1）视频对象资源的图像比例失调，如图 2-2 所示，因为视频的画幅宽高比例设置不正确，造成视频图像明显被拉伸变形了。

图 2-2　人物图像明显被拉伸变形

（2）视频对象资源的图像要求同步性能稳定，无失步现象，播放流畅，图像无抖动跳跃，色彩无突变，编辑点处图像稳定。如图 2-3 所示，视频图像模糊不清，明显达不到视频图像的技术要求。

（3）视频对象资源要求声音和画面同步，音频播放流畅，无交流声或其他杂音等缺陷。如图 2-4 所示，此视频画面和声音卡顿，播放不流畅，造成视频播放出现卡顿的情况。

图 2-3　画面模糊不清

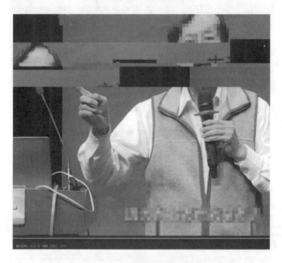

图 2-4　视频画面播放出现卡顿

（4）视频对象资源的画面要求平稳、无抖动、无干扰等。在实际工作中，会遇到视频拍摄过程中有观众挡住摄像机镜头、人为触碰摄像机设备等情况。如图 2-5 所示，该视频镜头为主讲人画面被路过的观众遮挡，严重影响了视频对象资源的整体播放效果。这种情况不应该出现在视频对象资源中，如果遇到此类情况，应进行视频画面的剪辑处理。

图 2-5　视频画面被遮挡

（5）视频对象资源要求音频声音和视频画面同步，音频播放流畅，无交流声或其他杂音等缺陷。伴音清晰、饱满、圆润，无失真、噪声杂音干扰、无音量忽大忽小等现象。在实际工作中，会因为拍摄现场条件有限、拍摄人员设置技术参数不合适、双机位同步拍摄等原因，造成一定的音频声音的缺陷或问题。例如：

① 某些视频对象资源在录制过程中都没有使用专业收音设备收音，导致收音效果空旷、有回音、杂音过重，此后制作完成的视频对象资源会存在声音不稳定、忽大忽小、存在杂音或电流音等问题。在实际工作中，如果出现此类问题，则建议业务人员在不影响视频内容连贯性的基础上，对出现声音问题的部分进行剪辑处理。

② 某些图书馆或机构的数字化制作人员采用双机位的模式录制视频对象资源，但是对于声音的处理没有严格遵照操作规范，例如，根据拍摄需要，某些时段采用专业收声的机位，某些时段采用机头麦收声的机位，最终导致

视频对象资源的声音出现清晰和不清晰交替出现的情况。如果此类问题出现，建议在数字化加工的质量管理阶段及时发现，及时重新录制（此类问题无法通过后期修复）。

2.6.2　视频对象资源附属物——字幕文件相关问题

在视频对象资源数字化加工工作中，最常见的错误存在于字幕文件的处理中。

1. 字幕文字未断句

字幕文字只是将语音翻译成文字，没有根据讲解的意思正确断句，进而会造成讲解与字幕不相符、字幕文字造成曲解等问题。在实际工作中遇到典型的未断句情况如表 2-7 所示。

表 2-7　视频对象资源字幕断句错误情况

错误类型	错误字幕	正确字幕
未断句，造成多个词语、短词并列的含义未表达清晰	冠礼婚礼丧礼	冠礼 婚礼 丧礼
	齐针抢针套针撒和针	齐针 抢针 套针 撒和针
	人生观民本观义利观	人生观 民本观 义利观
	儒家道家墨家法家兵家	儒家 道家 墨家 法家 兵家
未断句，造成句意错误或者句意不清	挂着牌子挂羊头卖狗肉	挂着牌子 挂羊头卖狗肉
	更需要与时俱进勇于创新	更需要与时俱进 勇于创新
	刻得这么细瞎猫虎眼看不清楚	刻得这么细 瞎猫虎眼 看不清楚

2. 字幕文字中出现错别字

字幕文字是讲解语言的文字表达，应该与视频画面保持同步，如果出现错别字，则会造成视频内容的曲解或者给观看者造成理解的困难。在实际工作中，常见的字幕文字错误常见问题如表 2-8 总结的几种情况。

表 2-8　视频对象资源字幕错别字错误情况

错误类型	错误字幕	正确字幕
同音情况下的错别字	元点	原典
	院士	院试
	是应该加 N 科了	是应该加恩科了
	用珠笔在这个地方写	用朱笔在这个地方写
	穆连救母	目连救母
语音转文字的错误	削平金匈	削平群雄
	善子夺魁	三子夺魁
	劳动	牢度
	副将	佛教
	蛰庵	哲安
	火木思潮尔	霍姆斯·潮尔
	拨拉	拨蜡
专有名词的错误	早世	肇始
	题词	题记
	《元史》百官	《元史·百官志》
	阿里日晷	阿力日晷
	神祇	神祇

3. 字幕文字编码格式错误

字幕文字要求文字编码格式采用 Unicode（UTF-8），并且字幕文件要使用符合国家标准的规范字。在实际工作中，常遇到字幕文字的编码错误，导致在视频播放时，字幕不能正常显示。此外，字幕文字应该与时间标识分开编辑，否则如图 2-6 所示，会造成视频播放时候，字幕不能显示出来。

```
000:00:08,239 --> 00:00:10,960《性命双修万神圭旨》100:00:10,960 -->
00:00:13,399又称《性命圭旨》200:00:13,399 --> 00:00:16,920仙学必读著述
之一300:00:16,920 --> 00:00:18,719著者不详400:00:18,719 -->
00:00:23,239相传出于尹真人高第弟子之手500:00:23,239 --> 00:00:27,000前
有明神宗万历四十三年(1615)600:00:27,000 --> 00:00:30,440新安震初子余
永宁书700:00:30,440 --> 00:00:33,240《刻性命圭旨缘起》800:00:33,240
--> 00:00:36,240曰"里有吴思鸣氏900:00:36,240 --> 00:00:41,040得《性命
圭旨》于新菴唐太史家1000:00:41,040 --> 00:00:46,279盖尹真人高第弟子所
述也"1100:00:46,279 --> 00:00:49,639据此书明天启二年(1622)12
00:00:49,639 --> 00:00:51,720涤玄阁印本后跋1300:00:51,720 -->
00:00:56,240"之鹤无似 在垂髫时 窃慕道真1400:00:56,240 -->
00:00:59,639乃于外祖唐太史新庵先生1500:00:59,639 --> 00:01:02,880故箧
中得性命圭旨"1600:01:02,880 --> 00:01:07,599吴思鸣 即吴之鹤 亦歙县人
1700:01:07,599 --> 00:01:09,760唐皋为其外祖1800:01:09,760 -->
00:01:12,360后钤"延陵季子"1900:01:12,360 --> 00:01:15,720"吴氏思鸣
"白方印2000:01:15,720 --> 00:01:18,559《刻性命圭旨缘起》21
```

图 2-6　字幕文字与时间混编

4. 字幕标点符号存在错误

字幕文件中标点符号的使用必须遵照技术规范：（1）在每屏字幕中用空格代替标点表示语气停顿，人名和书名中的标点符号、具有特殊含意词语的引号以及书名号均可以保留。（2）所有标点及空格均使用全角字符。在实际工作中，字幕文件常见错误包括缺少标点符号、标点符号使用错误，常见错误实例如表 2-9 所示。

表 2-9　视频对象资源字幕标点符号错误情况

错误类型	错误字幕	正确字幕
缺少标点符号	马可波罗游记	《马可·波罗游记》
	欧也妮 葛朗台	《欧也妮·葛朗台》
	喻世明言	《喻世明言》
	一个叫龟与鹤的节目	一个叫《龟与鹤》的节目
标点符号错误	"风""雅""颂"	"风""雅""颂"
	《吕氏春秋大乐》	《吕氏春秋·大乐》
	《日出》跋	《日出·跋》
	"无为"的态度去"为"	"无为"的态度去"为"

5. 同一屏幕出现双行字幕

在视频对象资源数字化加工中，要求每屏只有一行字幕，且每屏字幕出现位置保持一致。但是在实际工作中，常见同一屏幕会出现双行字幕的错误

情况，如图 2-7 所示，双行字幕常常会出现在视频对象资源中，这种错误是需要及时发现并纠正的。

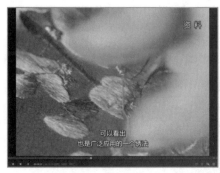

图 2-7　同一屏幕出现双行字幕

6. 字幕文字与视频对象资源中的音频对应错误

在视频对象资源中，字幕文字的内容是要准确地反映出该视频资源中的音频内容，给观众提供对视频内容的增强解释和补充的重要作用。在实际业务工作中，常常出现字幕文字与视频资源实际的音频内容不相符的错误情况，包括字幕时间与视频音频不同步，字幕出现的时间比视频音频稍早或者稍晚；字幕文字和视频资源中的音频内容不一致，例如：字幕为"后代"，声音为"我们后代"，字幕应改为"我们的后代"；字幕为"建筑"，声音为"建筑物"，字幕应改为"建筑物"等。

2.6.3　视频对象资源附属物——封面图相关问题

根据视频对象资源数字化加工技术要求，常常建议根据视频资源内容，制作一个与该视频对象资源主题内容紧密相关的封面图，用于后期视频对象资源的内容识别以及资源服务使用。一般来说，视频对象资源的封面图要求能够涵盖课程主题并具有美观性，包含视频名称以及视频主讲人信息（对于讲座、公开课、课程等有主要责任者实施的视频对象资源，必须要在封面图中体现责任者）。图片一般采用 jpg 格式，尺寸推荐为 545×307 像素。

在日常实际工作中，封面图常常出现以下一些问题：

（1）封面图使用不恰当，文字不能涵盖视频对象资源主题，图片素材与视频对象资源的内容无关，且无美观性等。例如：图 2-8 所示视频封面图，采用的图片素材未体现该视频对象资源的内容（远山与楹联无关，应该选择楹联相关素材）。

图 2-8　封面图采用的图片素材不合格

如图 2-9 所示，该视频对象资源所讲述的内容为"清代的河南贡院"，由于历史原因河南贡院虽然现今是河南大学，但是结合视频所述清代时期，就不能直接采用现今的河南大学的图片，而应该选用河南贡院碑或者执事楼的照片。

图 2-9　封面图采用的图片素材错误

如图 2-10 所示，该视频对象资源的封面不宜采用卡通人物形象，应该替换为该视频对象资源所述的相关素材。

图 2-10　封面图采用的图片素材不合适

（2）封面图中出现错误文字，包括题名文字错误、主要责任者（例如：主讲人、口述者等）名字错误等。

2.6.4　视频对象资源附属物——主讲人头像相关问题

讲座类的视频对象资源要对其主要责任者——讲座主讲人制作主讲人头像。制作要求头像图片统一为 jpg 格式，图片大小推荐为 200×200 像素；主讲人头像要求图像清晰完整、神态自然、无明显畸变。在实际工作中，常见一些问题如下。

（1）选取的头像图片中主讲人神态不自然。有些视频讲座资源的主讲人头像图片是从视频中截图而来，由于视频拍摄的角度问题，造成选作头像的主讲人神态不自然（例如：主讲人在讲话的某个神态、主讲人在低头看讲稿、主讲人在抬手与观众互动等）、主讲人角度不正（例如：主讲人处于所选头像图片的一半，另外一半为其他背景）。

（2）主讲人头像图片不合格。由于某种原因造成选取的主讲人头像的图片模糊不清（看不清主讲人）、主讲人头像图片带有多余文字或 logo 等。

3

数字音频对象数据加工流程及管理

图书馆音频对象资源的来源分两种形式，一种是产生之初即为数字形态的原生性数字音频资源；另一种是传统音频资源数字化加工产生的再生性数字音频资源。对于图书馆音频对象资源的数字化加工过程以及数字化环节，无论是原生性数字音频资源还是再生性数字音频资源，其数字化加工过程都应该包括数字化加工前期准备、数字化处理、质量管理、标记、保存和利用五个阶段。每一阶段均包括多项操作流程，每一项操作流程也需要遵守相应的操作方法、技术指标以及规格参数等。本书基于图书馆日常音频数字化加工的操作流程和实际情况，制定了可以作为实践工作依据的音频对象资源数字化流程，以供参考。

前期准备	数字化加工	质量管理	标记	保存和利用
• 规范性约定 • 采集源准备 • 采集环境准备	• 加工设备 • 技术参数 • 附属物加工	• 过程质量管理 • 成品质量管理	• 规范化命名	• 重视长期保存 • 多级别利用

图 3-1　音频资源数字化加工过程

前期准备：该阶段是数字化加工的首要阶段，是必须要实施的一个阶段。该阶段包括对拟采集的音频资源进行分级评估；对拟采集的音频资源进行数字化加工前的准备工作；根据拟采集（数字化处理）的音频资源的特点，对采集设备进行选择，并准备相应的采集环境。该阶段是否合理规划、是否正确操作均对完整的数字化加工流程中后续的其他阶段较为重要，是所有从事音频对象资源数字化加工的机构必须重视和必须付诸行动的一个阶段。

数字化处理：该阶段是音频对象资源数字化加工完整流程中所谓的"数字化"阶段，包括使用采集设备产生音频对象数据，也包括对与音频对象资源相关的附属物进行数字化加工。在该阶段中，应该针对不同数字化加工级别的音频对象资源，选择相匹配的技术参数、文件格式。在此过程中，所有机构均需要认识到音频对象资源的数字化处理必须先将拟加工的音频对象资源加工成长期保存文件，再由长期保存文件转换或派生服务文件，并遵照执行。

质量管理：该阶段对于音频对象资源的质量起到重要的作用，应该贯穿于整个数字化加工过程，属于必不可少的一个阶段。该阶段的实施目的是对数字化过程以及数字化产生的对象数据的数字内容、技术指标以及质量进行管理和校验，以保证数字对象符合数字化的需求。

标记：该阶段对数字化处理后生成的所有音频对象数据文件或文件夹进行命名保存，包括对元数据著录、音频对象数据文件夹目录、长期保存文件、服务文件、多版本文件、封装文件、附属物文件等进行规范化处理。一定要注意，音频对象数据与元数据之间的对应关系必须要正确、完整、规范地记录和管理。

保存和利用：该阶段对于已加工的长期保存文件、服务文件非常重要。任何机构实施了音频对象资源数字化操作，必须首先实施长期保存，此后再按需求有选择地建设其他服务文件。对于对象数据的保存，除了附属物件、元数据、对象数据，说明文件也应视为重要内容，随对象数据一同保存在相应的介质上。

3.1　前期准备

图书馆在进行音频对象数字化加工工作之前，首先要对待加工的音频对象做一个全面、完整、全流程的规划和约定。在接下来的数字化加工过程中，采用相符合的加工工具、加工环境进行数字化操作，并在数字化全过程遵照统一的规则、相符合的技术、规范的流程，最终生成的数字化文件无论是保存、服务以及交换都是规范化的、完整的、可复用的。

数字化加工工作中的前期准备工作，包括规范性约定、采集环境准备、采集源准备三方面的工作，每一方面工作均需要根据待数字化的音频资源的特点和目标进行，不能忽略或者跳过。

3.1.1　规范性约定

在数字化加工前，首先应该对待数字化的音频资源进行包括应用级别及对应的技术参数、采集与处理、命名、质量管理等因素的规范性约定。在后续的数字化加工以及服务和保存的过程中，所有的数字化操作都要遵守这些规范性规定。

1. 应用级别及技术参数

应根据音频资源的加工目的和使用要求设定加工级别为长期保存文件、服务文件。无论数字化加工的最终目的是否是长期保存，还是只希望实现对外服务，在数字化加工中均需要先数字化生成长期保存级文件。其他级别的数字化文件则统一由长期保存级文件进行转换或者派生。音频对象资源可以参考表 3-1 和表 3-2，根据目标音频资源的特点，选择相匹配的技术参数作为数字化加工的技术指标。

表 3-1　长期保存文件技术参数

文件类型	编码	通道数	采样率	量化位	文件格式
标准保存文件	无压缩或无损压缩	单声道或多声道	44.1 kHz	16 bit	WAVE 或 BWF
语音记录保存文件	无压缩或无损压缩	单声道或多声道	20.05 kHz 或以上	6 bit	WAVE 或 BWF
特殊记录保存文件	无压缩或无损压缩	单声道或多声道	96 kHz 或以上	24 bit	WAVE 或 BWF

表 3-2　服务文件技术参数

文件类型	编码	通道数	比特率	文件格式
无损服务文件	极特殊情况下，可将长期保存文件作为服务文件交付使用。无损服务文件的技术参数参见长期保存文件技术参数			
高保真音质服务文件	MPEG Audio Layer3	单声道或多声道	320 kb/s	MP3
标准音质服务文件	MPEG Audio Layer3	单声道或多声道	128 kb/s	MP3
较低音质服务文件	MPEG Audio Layer3	单声道或多声道	64 kb/s	MP3

在进行音频对象资源数字化加工之前，必须要明确本次数字化加工将要产生哪些类型的文件，并针对不同类型的文件规定其对应的技术参数。

根据实际工作中音频对象资源的内容，将音频对象数据文件划分为以下几种类型：

（1）标准音频文件：指图书馆较为普遍处理的录音带、CD光盘、数字唱片以及数字化音乐等，这类音频文件较为常见，也是图书馆音频数字化工作的主要内容。

（2）语音记录文件：指音频中只有人声，不包含其他任何乐音、动物声音等的音频。例如，图书馆进行讲座、会议、采访、口述历史等主讲人的录音数字化加工；人模拟动物、乐器等由人产生的声音的数字化加工。这类音频均需要按照语音记录文件的规则进行数字化加工。

（3）特殊记录文件：指珍贵、稀有或有特别用途的音频资源。图书馆常见的对演唱、演奏等特殊用途的音频进行数字化加工。该类资源因为其稀有性、特殊性需要采用特殊记录文件对应的技术参数进行数字化加工和操作。

音频对象数据中的"服务文件"，则是指用于传播和服务的数字文件。根据图书馆在实际工作中的应用场景，可以分为以下几种类型：

（1）无损服务文件：指在利用音频文件的时候，需要呈现该音频最原始的、最高质量的音质。例如，欣赏唱片、学习演奏乐曲等特殊记录文件；研究口述历史或口技、非遗歌曲等语音记录文件；用音频文件进行再出版、再创作等。这些情况都需要采用无损服务文件。

（2）高保真音质服务文件：指在欣赏、聆听音频文件的时候，需要较高的音质和效果，则可以选择高保真音质的服务文件。

（3）标准音质服务文件：图书馆提供常规的音频资源服务的时候均可以采用标准音质服务文件。

（4）较低音质服务文件：图书馆会拥有一定规模的音频文件，存在时代较为久远、原始音频文件的技术参数不高、音质不好等因素。但是这些音频资源的素材具有独有性、稀缺性、代表性，也是用户希望欣赏到的，需要将这类音频文件以较低音质作为服务文件。

2. 采集与处理规则

在进行音频对象资源数字化加工之前，图书馆需要从音频对象的实际出发，结合数字化加工的目的和未来的保存及服务需求，制定与本项目相吻合的数字化采集与处理的规则。

由于原始的音频对象资源的条件不一，无论是原生性数字音频资源还是由传统音频资源数字化加工产生的数字音频资源，均应该先数字化生成最高质量的保存文件，进行无损音质加工。后续的其他用途的数字化加工或者服务，均以该高质量的保存文件为基础进行加工。

图书馆在进行音频对象资源数字化加工时，可以有几种模式来生成最高质量的保存文件：（1）将音频文件由模拟内容数字化为数字内容；（2）将音频文件由一种格式数字内容转换成另一种格式数字内容；（3）产生之初即为数字形态的原生性数字音频资源。

3. 命名规则

规范化的命名，对于数字化产生的音频对象数据的管理、识别、保存以及服务均重要且必须。图书馆进行音频对象资源数字化加工，制作完成的所有音频对象数据文件或文件夹都应进行规范的命名保存，包括文件夹目录、长期保存文件、服务文件、多版本文件、封装文件等。并且要注意，由于服务文件由长期保存文件派生或衍生，服务文件的命名应与长期保存文件的命名保持一定的关联性。

4. 质量管理规则

对于音频对象资源数据文件的质量管理，应贯穿于整个数字化过程，在进行音频对象资源数字化加工前、中、后，均要有完整、全面的质量管理规划和流程。质量管理，应该包括音频对象数据（存储数据、发布数据等）、音频对象附属物、音频对象存储介质、音频对象保存机制、音频对象发布管理等基本要素的管理。

3.1.2 采集源准备

图书馆在进行音频对象资源数字化加工之前，需要首先全面熟悉待数字化加工的音频对象资源的原始文件的载体及内容。无论是做什么样的数字化加工，都不能对原始的音频对象资源产生任何的影响或损坏。基于对音频对象的保护，在采集源准备阶段可以在必要时对音频对象资源的载体进行适度的清洁和修复，也需要根据音频对象资源的情况选择与之相匹配的采集设备，以便在数字化处理之前进行修复，在数字化处理过程中也要注意保护音频对象资源。

1. 音频对象资源盘点

图书馆存有较多音频对象资源，有些音频资源的原始载体经历多年，处于载体介质老化或者载体介质不易被识读的状态。此外随着新的数字技术的不断普及和快速发展，老式的基于模拟音频的载体文件被识读和使用的困难越来越大。这些因素都是音频对象资源数字化加工之前需要充分考虑并妥善解决的。

1）出库登记

针对具有实体的音频对象资源，需要进行完整的"出库登记"记录操作，有出库交接单，详细记录音频对象资源实体的标识号、库存标识、库存状态、件数、载体介质、处理方法、时间、交接人员等相关信息。

2）音频对象资源实物检查

待拿到音频对象资源实物后，需要对载体介质以及音频对象文件进行检查。一方面检查原始载体介质的现有状态，包括是否有盘片划痕、断裂、绕带、粘连、脱落等；另一方面要检查原始载体介质的清洁状态，包括是否有发霉、污垢、灰尘等。

2. 音频对象资源实物修复处理

基于保护原始音频对象资源的原则，采用较为成熟的技术进行原始载体介质的清洁和修复处理。

对原始音频对象资源进行清洁处理，要采用对碟片、磁带等介质不会造成损毁的干性方式（除尘、真空、抗静电刷），采用清淡、低泡、中性溶液清洗，采用盘片清洁剂或采用超声波除尘等。

对原始音频对象资源进行修复处理，要根据载体介质存在的问题区分对待。对于磁带断裂，采用胶带拼接；磁带绕带，手工整理，采用专用仪器进行正反倒带复制；盘片划痕读不出数据，采用软件恢复拷贝；在密纹唱片采集前对唱片进行去灰尘和去静电处理，而对于放音设备的磁头和唱针也要进行检查和相应的处理。

如果原始音频对象资源载体介质有明显的损毁，但是又没有受过专业培训的工作人员，则需要咨询专家，在专家的指导下才可以操作。不要回转或播放有问题的磁带，否则整个磁带会断裂。

3.1.3 采集环境准备

图书馆在进行音频对象资源数字化加工之前，还需要根据音频对象资源的介质特点以及拟采用的采集设备，准备相应的采集环境。要保证适宜的采集环境，尽量减少各种环境因素对原始音频资源播放时造成的干扰，保证对原始音频资源完整的播放和采集。

在进行数字化加工实践之前，图书馆业务人员要重视数字化加工环境的选择、设计和保障。在数字化加工之前，要提前检查加工环境的光线、湿度、采集设备显示屏幕的校正、扫描仪的设置等，为数字化加工提供保障。数字化加工过程中，在一个经过适当设计、严格的听觉环境中进行音频数字化加工。操作人员需要是具有专业技能或者敏锐听觉能力的工程师或技术人员。如果严格意义上的操作环境不能保障，则可以选择一个安静、远离工作区和交通区、可以敏锐感知声音缺陷的空间进行数字化加工。在数字化加工中，加工环境需要有测试或校准设备，以便测试和监视数字化过程中的噪音、人为声音等。

3.2 数字化加工处理

数字化处理可以算作是音频对象资源数字化加工工作中的最主要的业务操作，在这个操作环节中需要按照数字化前期准备阶段约定好的规范性约定，在已经准备完成的采集环境中对拟加工的音频对象资源进行数字化处理。

图书馆在进行音频对象资源数字化处理中，针对原生性数字音频资源，在采集时需要尽可能多地保留原始音频对象的音频特性，因此需要无损采集，既满足长期保存的需求，同时也方便转换为其他低规格、适用于不同环境传播和使用的资源。针对再生性数字音频资源，进行数字化加工除了上述目的以外，还可以实现对原始载体介质的保护，亦即未来如果要用到相应资源，不必再次将原始音频资源拿出来提供服务，进而可以较大程度地保护原始载体介质不受损毁。图书馆在进行数字化加工时，一定要注意必须先将音频对象资源通过数字化加工生成长期保存文件，用以提供资源的长期保存以及未来可能的编辑和再加工。此后，再通过长期保存文件生成、转换或者派生出数字音频资源的服务文件。

数字化加工工作中的数字化处理工作，包括加工设备和文件技术参数两方面的工作，每一类工作均需要根据待数字化的音频资源的要求、特征以及数字化目标进行选择，避免产生错误。

3.2.1 加工设备

图书馆应该根据拟数字化的音频对象资源的原始状态，确定与之相匹配的采集设备。对于具有实体的音频对象资源，则要选择合适的音频播放设备以及模拟数字转换器；对于产生之初即为数字形态的原生性数字音频资源，则要选择合适的音频采集设备。

1. 音频播放器

在数字化处理中，音频对象资源主要依靠音频播放器来还原其原始介质上的资源。图书馆在做音频对象资源数字化采集时，特别要针对原始的音频对象资源所在的载体介质选择相匹配的音频播放器。对于数字化加工工作而言，数字化采集设备的恰当性是决定数字化成品品质的关键因素。图书馆会有较多历年来保存的不同时期的音频制品，随着时代的发展和技术的演进，历史的音频对象资源必须采用与之相匹配的音频播放设备才能完整地采集出来。图书馆的音频对象资源的载体介质，常见的有录音带和唱片。

表 3-3　音频对象资源播放设备选取

类型		播放器
录音带	盒式录音带（Cassette Audio Tape）	高档立体声录音卡座
	开盘式录音带（Open Reel Tape）	开盘式磁带录音机
	数字录音带（Digital Audio Tape）	专业的 DAT 录音机
唱片	密纹唱片（Long-playing Record）	电唱机，可以根据转速，选择 45 转或者 $33\frac{1}{3}$ 转
	激光唱片（Compact Disc）	通用的 DVD-ROM 播放器

数字磁带播放设备的选取有两种方式：一种是直接用原始录像设备，通过火线（FireWire）连接到 1394 口进行采集；另一种是直接采用录放机，通过音频信号线将音频信号传递到采集设备。

盘片播放设备使用 DVD、VCD 光驱即可。

2. 模数转换器

模数转换器（Analog to Digital Converter，简称 A/D 转换器），将模拟信号转换为数字信号，被认为是音频数字化加工过程中最为关键的硬件。在图书馆数字化建设中，一般推荐采用外置 A/D 转换器。因为在进行音频录制时，声卡会将噪音带入音频系统，而外置的 A/D 转换器会隔离噪音。在选择 A/D 转换器的时候，应特别注意相关技术参数的选择，包括噪音级别、采样率、量化位等。所有高质量的 A/D 转换器应包括最少两种参数选择，44.1 kHz 和 96 kHz 采样率，16 或 24 bit 量化位。

3.2.2 文件技术参数

无论数字化加工的目标是对音频对象资源进行保存还是提供服务，在进行音频对象资源数字化加工时，均应首先数字化加工生成长期保存文件，后续再由长期保存文件转换或派生服务文件。

1. 音频对象数据的关键技术参数

音频对象资源数字加工过程中，有六个非常重要的技术参数，是需要在数字化操作前就确定下来，并且在数字化过程中遵照和使用的。参数包括：采样率、量化位、通道数、编码格式、数据率、数据文件格式。

1）采样率

音频对象数据的采样率是指录音设备在一秒钟内对声音信号的采样次数[77]。采样频率越高，音频的质量越高，音频就越真实、越自然。根据音频对象资源的内容，可以分成以下几类：

语音：人耳朵可以听到的声音频率在 20 Hz ~ 20 kHz 之间，普遍来说人说话的声音频率在 100 Hz（男低音）~ 10 kHz（女高音）之间。按照采样定律，采样频率至少为原始声音最高频率的两倍，因此推荐在数字化加工中，语音类音频数据的采样频率为 20.05 kHz 或更高。

录音：如果音频对象资源只有语音记录，推荐采用的采样频率和语音音频相同，即 20.05 kHz 或更高。如果录音中除了人的声音以外还有背景音，包含音乐或者其他诸如昆虫、鸟鸣等自然界的声音，则这类音频对象数据应该采用 96 kHz 或更高的采样频率。

音乐记录：乐器产生的频率较宽，基本上采样频率均超过了 44.1 kHz。因此推荐常见的音乐类音频对象数据的采样率采用 44.1 kHz。

特殊记录：在需要特别清晰、完整地记录音频的时候可以采用 96 kHz 或更高的采样率，以这样高的采样率来完整保存原始的音频对象数据，并作为珍贵、稀有或有特别用途的音频资源使用。

2）量化位

音频对象数据的量化位数，是指音频文件的采样值或取样值[78]。该数值是用来衡量声音波动变化的一个参数。量化位的数值越大，音频对象数据文件的数据量越大，其音质越好。

在音频对象数据的参数中，一般推荐 24 bit 量化位。但是并不是所有的音频播放设备都能够达到 24 bit，因此 16 bit 也是合适的。

音频对象文件中，标准保存文件采用 16 bit 量化位；特殊记录保存文件采用 24 bit 量化位；语音记录保存文件则采用 16 bit 量化位。

3）通道数

音频对象数据的通道数，即声音的通道的数目。常见有单声道和立体声，单声道的声音只能使用一个喇叭发声，立体声可以使两个喇叭都发声（一般左右声道有分工），进而可以让听众更能感受到空间效果。

在音频对象资源数字化处理中，通道数的选择，取决于音频资源的声道数，可以采用单声道也可以采用多声道。

4）编码格式

音频对象数据的编码格式是指按照一定的格式记录采样和量化后的数字数据，例如顺序存储或压缩存储[79]。在进行数字化加工中，长期保存的音频对象数据文件要采用无压缩或无损压缩的编码方式。无损压缩的编码方式，能够在 100%保存原文件的所有数据的前提下，将音频文件的体积压缩得更小，而将压缩后的音频文件还原后，能够恢复与源文件相同大小、相同码率的音频。

作为服务文件的音频对象数据文件可以采用有损压缩的编码方式，压缩掉不能被人耳感知到的冗余信号。根据音频对象资源数字化加工的目的和未来保存、使用的要求，音频对象数据服务文件采用 MPEG Audio Layer3 编码技术，简称 MP3。该压缩方式是利用 MPEG Audio Layer3 的技术，将音乐以 10∶1 甚至 12∶1 的压缩率，压缩成容量较小的文件，能够在音质损失很小的情况下把文件压缩到更小的程度。这种压缩编码方式压缩比高，非常适合用于互联网上的音频文件传播与服务。

5）数据率

音频对象数据的数据率（bit per second，位/秒）表示单位时间（1 秒）内传送的比特数 bps 的速度。数据率是数字音乐压缩效率的参考性指标，通常使用 kb/s（每秒钟 1 024 比特）作为单位。

音频对象数据较低音质服务文件采用 64 kb/s 比特率，标准音质服务文件采用 128 kb/s 比特率，高保真音质服务文件采用 320 kb/s 比特率。

6）数据文件格式

音频对象数据的数据文件格式，指要在计算机内播放或是处理音频的文件格式[50]。常见的格式包括 CD 格式、WAVE 格式、AIFF 格式、MPEG 格式、MP3 格式、WMA 格式、MIDI 格式、MPEG-4 格式、APE 格式、AAC 格式等。

因为现有的音频文件的格式多样，因此图书馆在进行音频对象数据加工处理时应该明确一个原则——音频对象数据文件格式的选择，要尽量避开知识产权的问题。一方面可以降低数字音频制作的成本，同时又可以规避潜在风险。例如：一些流媒体格式（如 Real Audio、WMA 等）有专门的知识产权，如果若干年后，支持这些流媒体格式的公司或机构破产倒闭，那么数以亿计的音频数据将面临不能解码播放的风险。

一般来说，长期保存级音频对象数据文件采用 WAVE 或 BWF 格式；各种类型的服务级音频对象数据文件采用 MP3 格式。

WAVE格式或BWF格式都是线性脉冲编码，可以达到无损采集，保证了采集或格式转换过程中尽量无损或损失最小，国际上也常使用这两种格式。WAVE 格式虽然是 Microsoft 公司和 IBM 公司共同研发的具有知识产权的标准，但是它目前被国际广泛接受，且跨操作系统平台可操作（可以被Windows、MAC、Linux 等播放），已经成为音频领域广为接受的标准。

总的来说，音频对象资源在数字化过程中，采用的技术指标有以下一些规则：

（1）高的采样率（如 96 kHz 或更高）比低的采样率好；

（2）24 bit 字长的量化位比短的好；

（3）极特殊情况下，可将长期保存文件作为服务文件交付使用；

（4）考虑到对资源完整性的保护，作为服务文件的音频数据的内容单元前、后均应保留 2~3 s 空白。

3.2.3　音频资源附属物处理

音频资源在某些情况下，是唱片、音像制品、影视作品等资源，不单单只有音频文件，还会有与音频文件相关的文本、图像等附属物件，为了保证音频资源的完整性及附属物件的可读性、兼容性，在对附属物进行数字化操作时，需要根据附属物的资源类型，遵照相应的资源加工规则。例如，附属物是文字类介绍性材料，则要按照文本数字化的规则进行数字化加工；附属物是音频的介绍性的图片类材料，则要按照图像数字化的规则进行数字化加工。

在附属物完成数字化加工后，还需要将音频对象资源与其所包含的一个或多个附属物件，通过元数据实现关联，进而形成此音频对象资源的完整的数字化对象。

3.3　质量管理

质量管理是音频对象资源数字化加工生命周期中必不可少的阶段，应该贯穿于整个数字化加工过程，不仅应该包含在数字化加工前期准备、加工过程中，还要包含在数字化成品的保存和利用的过程中。通过质量管理，检查数字化加工产生的数字化产品的数字内容、技术指标以及数据质量是否达到预期的标准和目标。在图书馆实施质量管理工作时，可以使用技术手段、工具软件以及人工核查等方式操作。

3.3.1 数字化加工过程中的质量管理

图书馆进行音频对象资源数字化加工过程中，应该按照前期准备阶段的规范性约定中的技术指标、处理规则以及规范要求进行数字化操作，并由负责质量管理的人员对加工环节进行全面彻底的质量管理。质量管理的范围包括：一致性、完整性、技术指标满足性等。加工过程中的质量管理，必须对数字化加工的所有数字化成品进行全部内容、全部范围的质量管理，不能出现漏检、漏查的情况。

1. 一致性质量管理

在数字化加工过程中，由专业的加工质量管理人员对加工中的音频对象资源通过全程跟踪、关键节点监听等方式，监测数字化加工后的音频对象数据与原始音频对象数据是否一致，如果出现不一致要及时暂停数字化加工，并查找相应的问题。在实际的工作中，也可以视待数字化加工的音频对象数据的内容和时长，定义关键事件及时间节点，对节点进行监听，进而提高数字化加工过程中的质量管理能力。

在进行监听的过程中，要特别注意在数字化过程中是否出现噪音、颤抖、其他干扰使声音发生失真等问题，如果有，则要立刻停止数字化加工，并要求数字化加工人员进行调整和重新数字化加工。

2. 完整性质量管理

在数字化加工过程中，由专业的加工质量管理人员对加工中的音频对象资源，从完整性角度进行质量管理。检查数字化后的音频对象资源是否与原始音频资源时长一致、关键时间节点的音频内容一致。如果出现任何与原始音频不一致的问题，均要做详细记录，并要求数字化加工人员查找问题所在，重新进行数字化加工。

3. 技术指标满足性质量管理

在数字化加工过程中，由专业的加工质量管理人员对加工中的设备所设置的技术参数进行核查，尤其要注意同一批音频对象资源在不同时期进行数字化加工时，技术参数要保持一致。要对数字化音频资源的音量设置进行核查，还要特别注意采样率、量化位、数据率等其他关键的技术参数的设置是否与数字化加工前期准备阶段的规范性约定中的技术指标一致。如果发现任何不一致或者配置错误的问题，应该立即停止数字化加工操作，对相关情况做详细记录，并要求数字化加工人员查找问题所在，重新进行数字化加工。

3.3.2 数字化成品的质量管理

在音频对象数据数字化加工完成后，对数字化成品的质量管理更为重要。在这个阶段中的质量管理，着重于数字化成品的音频对象数据质量管理、附属物质量管理以及存储介质质量管理。质量管理由质量验收相关人员执行，可以采用全部内容完全检查、按一定比例采样抽检以及多轮变化比例的抽检多种方式进行操作。

一般来说，图书馆在进行数字化成品质量管理中，应该设置一个错误率数值（例如 0.1‰ ~ 0.3‰），在这个错误率范围内的数字化成品，可以进行修改或修正。一旦错误率超过这个错误率范围，视为数字化成品不合格，则需要将发生错误的批次全部返回到数字化加工流程中重新进行数字化加工。

1. 音频对象数据质量管理

数字化加工产生的音频对象数据，应该包括与原始音频对象资源相关的一系列数据文件，至少要包括元数据、对象数据、对象加工信息表、对象加工说明文件等，必要时还需要有该音频对象资源的授权信息相关文档。

在进行质量管理时，要对音频对象文件逐个进行检查。检查音频文件是否有停滞、无声、噪声、混音、模糊、失真或内容不完整等现象，音量电平是否在-20 dB 到 0 dB 之间。不符合质量要求的音频对象数据，应进行详细记录，并返回给数字化加工部门进行校正或重新制作。

在音频对象数据的内容管理上，长期保存级文件应保留所有音频对象资源原始的信息，进而保持原始音频对象资源的完整性；针对有 A/B 面的音频对象资源，在长期保存级对象数据中也要体现出 A/B 面的物理特性。服务级文件在完整继承长期保存级文件的内容基础上，还应体现出独立的内容单元，要检查是否有不同内容单元保存在一个个体中的情况。如果出现任何内容缺失、内容错误、内容重复的情况，则要进行详细记录，并返回给数字化加工部门进行校正或重新制作。

2. 附属物质量管理

一般来说，图书馆在进行音频对象资源数字化加工时，会同时对音频对象资源的附属物一同进行数字化加工。那么在数字化成品质量管理中，需要对附属物进行质量管理。

要检查附属物数字化加工后生成的文件，其文字、符号、版式、位置和文件名称是否准确。检查所有文件是否可以正常地打开、正常显示。特别地，对于音频对象资源的描述性文字要如实描述原音频对象资源的内容，不能加入与原始资源无关的数据和文件；对于多语种（小语种）要保持原始语种；对于无法录入的生僻字、符号等内容用"＝"表示；检查附属物对象文件的保存位置是否与数字化加工前期准备阶段约定的一致；还要检查附属物与音频对象数据的关联关系是否正确。

当通过检查发现附属物数字化资源出现问题，需要在详细记录问题的基础上，进行修改；如果是缺失性问题、加工技术参数错误类问题，则需要重新返回到数字化加工阶段，重新进行数字化加工。

3. 存储介质质量管理

数字化加工产生的音频对象数据文件，需要选择合适的保存介质进行妥善的保存，因此在数字化成品数据的质量管理中，存储介质的质量管理是不能忽略的。

数字化成品的存储介质的质量管理包括介质管理和介质内容管理两个方面。介质管理，主要是规范性地检查介质的外观，不能有划痕、脏污、折叠等。DVD 光盘刻录要符合 ISO/IEC 16449 标准，蓝光光盘刻录要符合国际蓝光标准，必须使用刻录设备一次性写入，光盘存放环境温度 21±1 ℃，湿度 40%。严格按照盘面书写、光盘标签等要求操作。介质内容管理，主要是检查介质中不得存放与需要保存的内容无关的文件、无坏死文件、严禁携带病毒、严禁隐藏文件、严禁浪费介质空间。存储介质的质量的问题出错率不能超过 0.3‰。

在存储介质的质量管理中发现有问题，需要在详细记录问题的基础上进行改正。如果介质出现硬件故障，则需要评估介质的可用性，一旦不可用需要立即更换存储介质。如果介质中保存的文件出现病毒，则要立刻进行查杀毒操作，并且要注意不能让病毒传染到其他的介质上。

3.4 标记

标记是对数字化加工产生的音频对象数据进行规范化的命名和管理。无论是数字化成品的音频对象数据、音频元数据，还是音频对象数据长期保存文件、服务文件、多版本文件以及封装文件等，都要在统一规范的命名规则下进行命名。音频对象数据文件、存储文件夹命名应拥有唯一标识符、具备连续一致的结构，不能结构混乱；文件及文件夹的命名字符必须严格遵守计算机系统对文件命名的限制，即不能有汉字或者特殊字符。音频对象数据的文件扩展名采用三位半角小写字母。

3.4.1 标记的规则

图书馆在对数字化成品的文件及文件夹标记时，要用唯一的标识来进行命名，标识不能有重复。可以按照数字化加工的批次、加工年份及其他具有唯一性的标识来命名文件夹及文件。当文件名称采用流水顺序号时，同一数据的流水号不得有跳号情况，要按顺序排列命名。

在数字化加工操作完成后，为了较为清晰和完整地记录原始音频对象资源的载体介质形式，在数字化成品的命名中建议将原始音频对象资源的载体介质形式进行标记。标记的形式可以采用给不同载体介质形式赋值的方式，进而统一和规范化管理。例如，图书馆中常见的音频对象资源的载体及对应的标记，参考表 3-4。

表 3-4　音频对象资源载体类型录入与代码对照表

载体名称	载体录入	载体代码
CD	CD	01
密纹唱片	LP	04
U-matic 3/4 英寸录像带	U-matic	27
1/2 英寸录像带	VHS	28

图书馆在做音频对象资源数字化加工时，必须先数字化产生长期保存级文件，之后再根据服务的需求进行服务级文件的数字化加工。服务级数字化文件是由长期保存级数字化文件派生或衍生，那么服务级数字化文件的命名必须与长期保存级数字化文件有关联性，可以是相同的文件命名，也可以有一定规则的变化。在实际工作中，推荐让服务级数字化文件的命名与长期保存级数字化文件命名相同，将不同级别的文件分别保存在相应级别的文件夹中。

3.4.2　标记的示例

为了方便本书使用者清晰地理解音频对象数据文件标记的规则，较为准确地将规则应用于自己的实际工作中，同时消除对多层级音频对象数据文件命名的疑惑，本书按照标记的规则，以图书馆实际工作中制作 CD 音频为例，讲解音频对象数据文件及对象文件夹的标记规则和命名方法。

数字化加工完成的音频对象数据，需要以文件目录的形式保存所有数字化文件。文件目录结构可以分为三级，一级目录只包含文件夹，二级目录包含文件夹和集合层标引数据文件，三级目录包含对象数据和个体层标引数据文件。特别指出，原始音频对象数据为密纹唱片，经过数字化加工后的音频对象数据保存还会有第四级目录。

（1）一级目录文件夹命名：4位加工年份+2位载体代码+4位种顺序号。

加工年份为4位，如"2020"。载体代码为2位，按照《载体类型录入与代码对照表》中的代码进行录入，例如CD为"01"，U-matic 3/4英寸录像带为"27"，1/2英寸录像带为"28"。种顺序号为4位，从0001开始。

例如：2020年制作的CD第一种，文件夹命名为"2020010001"；2020年制作的U-matic 3/4英寸录像带第二种，文件夹命名为"2020270002"；2020年制作的1/2英寸录像带的第五种，文件夹命名为"2020280005"。

（2）二级目录文件夹命名：3位保存介质顺序号，从001开始。

集合层标引数据文件命名：4位加工年份+2位载体代码+4位种顺序号（与一级目录文件夹命名相同）。例如：2020年制作的CD第一种，则标引文件命名为"2020010001.xml"。

（3）三级目录下保存具体的音频对象数据。不同应用级别的音频对象数据的命名相同，但是要保存在不同的文件夹中。长期保存级音频对象数据命名、服务级音频对象数据命名均为：3位文件流水号（从001开始）。例如：CD的一张盘命名为"001"，则音频对象数据命名就是"001.wav"（长期保存级）、"001.mp3"（服务级）。一张CD中的第二首曲子命名是"002.wav"（长期保存级）、"002.mp3"（服务级）。密纹唱片的三级文件目录，则命名为"image"。

个体层标引数据文件命名：一级目录文件夹命名+下划线+二级目录文件夹命名。例如：2020年制作的CD第一种中的第一张盘，则个体层标引数据文件命名为"202001001_001.xml"。

（4）四级目录：只有原始音频对象是密纹唱片，数字化加工后的成品数据中图像数字化数据需要保存在四级目录。与密纹唱片相关的图片要进行数字化，并以一定的规则进行标识：①密纹唱片包装正面：字母"a"+1位顺序号，例如："a1.tiff"；②密纹唱片包装背面：字母"z"+1位顺序号，例如："z1.tiff"；③ 密纹唱片正反面：字母"c"+1 位顺序号，例如："c6.tiff"。

3.5 保存和利用

数字化加工生成的成品音频数据，一定要首先实施长期保存。在实施完成了长期保存的工作，后期再按需求进行相应的服务和应用。在音频文件的保存和利用上，必须完整地保存音频对象所包含的元数据、对象数据、说明文件以及音频对象的附属物相关数字化文件。

3.5.1 保存

图书馆在进行音频对象资源数字化加工的工作时，必须明确遵照一个原则——所有数字化成品数据必须首先进行长期保存管理，此后再根据需求有选择地建设其他服务文件。在实际应用中，不同机构可以根据本机构的资金条件、服务需求、使用目的自由选择存储介质。

在数字化成品文件的保存上，根据图书馆的业务情况，一般分为四种类型的保存：在线保存、近线保存、离线保存、过程保存。

在线保存指数字化数据保存在服务器上，随时可以根据需要进行读取和调用。在图书馆的应用中，常用服务器存储、磁盘阵列存储等模式实现在线保存。服务级音频对象数据常常采用在线存储的保存模式，保障服务级音频对象资源可以较好地提供在线服务。

近线保存指数字化数据保存在服务器存储或者磁盘阵列、磁带库存储上，根据需求可以在有一定时间延迟的情况下，展示或提取出数字化数据。在实际工作中，图书馆可以采用综合成本稍低的低速磁盘阵列或者磁带库进行近线保存，进而在保证数据安全的情况下，保证近线数据的可读性和可访问性。在图书馆的业务工作中，做编辑使用的保存级音频对象资源、服务级音频对象资源均可以采用近线保存的保存模式，在不给图书馆存储设备以及网络较大压力的情况下，实现音频内容编辑及管理、音频数据提取业务操作的需求。

离线保存指数字化数据保存在离线的存储介质上，一般来说通过磁带库、光盘以及缩微胶片来实现离线保存的功能。从数字资源管理上来说，数字化数据的长期保存级数据要进行长期保存，原则上要通过离线保存的模式，不再提取或者使用长期保存级数据。部分珍贵资源的长期保存级还通过数转模技术制成缩微胶卷进行保存。在图书馆的业务管理中，保存级音频对象资源应该采用离线保存的保存管理模式，进而实现保存级数据的长期、稳妥管理。

在音频对象资源数字化过程中，还需要进行过程保存。可以使用移动硬盘作为过程保存的存储介质，用于数据验收、提交发布、提交保存等过程环节。待数字化成品数据完成了长期保存和提交发布业务，标志着过程保存的工作结束，就可以将移动硬盘格式化，重新释放存储空间。

3.5.2　利用

图书馆在实施音频对象数据数字化加工和建设工作中，应该将建设的对象数据分级别、多层级地建设、利用与管理。一般来说，音频对象资源分为长期保存级、发布服务级，分别满足数字资源当前与长期使用的需要。因此在音频对象资源的利用上，要区分对待长期保存级资源和发布服务级资源。

长期保存级音频对象资源的利用，只是作为对原始音频对象资源的数字化成品的保存使用，要进行长期保存和妥善管理，不能对这类资源进行提取和频繁读写。在长期保存这类资源的过程中，要制定合理的长期保存策略，并通过各种技术手段保护音频对象资源的安全，使其具有长期可用性。

发布服务级音频对象资源的利用，则是图书馆对音频对象资源数字化后可以发挥音频对象资源作用的一种模式，是作为原始音频对象的一种替代性利用。在使用时，需要先考虑服务对象的需求，是普通大众需求还是特殊用途、专业用途等。根据用途的不同，分别提供较低音质、标准音质、高保真音质以及无损服务等不同级别的服务级文件。特别注意，即使是开展无损服务级别的利用，也是需要对长期保存级音频对象资源的副本进行使用，而不能直接使用长期保存级音频对象资源。

4

数字视音频元数据设计

　　根据数字图书馆管理规范中所定义的数字资源管理模型（见图 4-1），从数字资源的生命周期管理角度出发，数字资源的管理包括三个阶段：采集与加工阶段、保存阶段以及发布阶段。本书中所述视音频资源元数据制作主要针对采集加工阶段的资源元数据建设，较为详细地描述图书馆通过不同途径、不同方式进行视音频资源的数字化建设过程中，资源元数据应该遵循什么原则、采用什么结构，以及著录过程中注意的各种细节。只有在采集与加工阶段将数字视音频资源的所有信息内容著录完整和清晰，才可以在后续的资源保存、资源利用以及资源交互共享等业务工作中发挥数字资源的作用，凸显数字内容的完整性与完备性。此外，本书所述的视音频资源元数据设计及著录规则，只包含了数字视音频资源在资源保存、资源服务阶段所需要的一些基本内容信息及字段内容，而对于数字视音频资源的管理政策、管理机制相关信息的描述，要参考国家数字图书馆工程成果《国家图书馆管理元数据规范与应用指南》[80]所定义的管理元数据规范执行；对于数字视音频资源的来源记录、历次技术处理以及所处的技术环境等信息的记录，则需要参考国家数字图书馆工程成果《国家图书馆长期保存元数据规范与应用指南》[81]所定义的保存元数据规范执行。

图 4-1　国家图书馆数字资源管理模型[82]

4.1　资源分析

数字视音频资源包括原生性数字视音频资源及再生性数字视音频资源。其中，原生性数字视音频资源指产生时即以数字形态存在的视音频资源；再生性数字视音频资源指由传统的非数字视音频资源经数字化加工后产生的资源，如盒式录音磁带、开盘式录音磁带、数字录音带、胶质粗纹唱片、胶质密纹唱片、激光唱盘、录像带、DVD 激光视频光盘、VCD 激光视频光盘、LD 激光视频光盘以及电影胶片等传统模拟视音频资源经过数字化手段加工形成的各种数字视音频资源。

从元数据著录方式的角度考虑，原生性与再生性两种类型的数字视音频资源的元数据著录有所不同，其区别主要表现在再生性数字视音频资源的著录方式上。如果数字化加工前后的视音频资源在内容上是一致的，只是在物理载体上有所差别，则在元数据设计上既可以对数字化前的原始视音频资源与数字化后的数字视音频资源分别著录，进而突出表现不同的载体表现形式（manifestation，作品内容的物理体现）；也可以对数字化前后的原始视音频资源与数字视音频资源合并著录，进而突出表现相同的内容表达（expression，作品的知识或艺术表现）。不同的元数据设计模式所对应的元数据结构和元素设置有所不同，两种设计模式各有优劣。从图书馆的业务实践出发，本书给出以下建议：对于进行数字化加工的传统实体资源采用"载体表现形式"进行著录；对于数字化加工产生的数字视音频资源，采用"内容表达"进行著录，即以同一内容的不同载体表现形式、同一数字化制作或出版的所有单件作为著录对象。

对于元数据著录的内容和方式，图书馆在具体实践中还需要注意，对于再生性数字视音频资源，需要视具体视音频对象资源进行分析和描述。如果数字化加工是按照原始实体载体实物视音频资源原样进行数字化处理，则可以依照传统资源进行元数据著录操作，之后再添加著录数字视音频相关信息；如果未按照原始实体载体实物资源原样进行数字化处理，例如只选择其中的部分内容进行数字化加工，在这种情况下，需要对新的数字资源进行分析，以具有独立标识、可以单独使用的资源整体或信息单元作为著录单位进行元数据的著录。

当图书馆已经对原始实体载体实物视音频资源制作了结构化的元数据（例如传统视音频资源制作了 CNMARC 数据），这种情况下，再生性数字视音频资源，可以借助映射的方法（详见表 5-2 和表 5-3），通过转换生成基于 DC 的元数据，并在此基础上添加数字视音频的信息，最终制作完整的数字视音频资源的元数据。

4.2　元数据设计原则

本书中所述视音频元数据设计，在基于数字图书馆工程相关标准规范的基础上，较大程度结合国家图书馆多个视音频资源建设项目的实践需求，为图书馆数字视音频资源项目的元数据描述提供指导性原则。

4.2.1　开放性原则

通常来说，元数据设计要充分体现 DC 抽象模型、应用纲要以及图书馆元数据应用体系基本模型中的框架理念，元数据结构要采用通用的基本结构，使得资源元数据具有较高的灵活性和互操作性。

在开放性的指导下，元数据语义结构的设计，要借鉴国际标准 ISO/IEC 11179 和 DCMI（都柏林核心元数据向导计划）术语集的术语定义规范对元数据中的术语进行定义。元数据的内容结构，要遵循 DCMI 语义规则以及国内数字图书馆资源描述相关的标准规范，尽可能复用通用、权威的元数据方案。对于元数据的扩展元素定义也要严格遵循元数据扩展规则要求，尽可能复用已有元素或已有的元素限定（包括元素修饰词和编码体系），最终达到元数据通用性和适用性之间的平衡与统一。

随着语义网的发展与普及，图书馆也处于由数字化向知识化转换的过程中，对于描述资源的元数据来说，本书推荐采用语义网技术形式化描述元数据，对元数据进行开放性描述和标准化封装，进而实现元数据的开放性、共享性。从图书馆易于实践和易于控制数据质量的角度出发，本书建议元数据描述（内容编码）采用 XML 及其相关语法结构，通过命名域注明术语来源，作为相关应用的对外接口，以便实现不同系统之间的互操作，更方便地被其他系统所兼容。

4.2.2　扩展性原则

为更加准确、细致地描述和揭示数字视音频资源的内容和特征，元数据的扩展设置是必须要实施的一项重要工作。在实际著录工作中，建议各个图书馆的业务人员，在遵循元数据规范基本结构与语义框架下进行适当扩展，进而将本图书馆所要描述和管理的数字视音频资源的特征描述得更为准确和完整。

在扩展性的指导下，元数据的扩展一般有两种形式：横向扩展和纵向扩展[83]。当已有的元数据规范中定义的术语不能满足所要描述的资源的语义描述要求时，业务人员可以在元数据规范中自行增加新的术语，并且新增的术语不与现有元数据规范所定义的术语有任何语义上重复或交叉，这种扩展称为"横向术语"；除此以外，还有一种情况，业务人员需要对数字视音频资源的细节内容进行详细著录，那么可以在现有元数据规范所定义的术语中进行进一步细化的操作，这种扩展是对于术语深度的细化扩展，被称为"纵向术语"。

本书建议元数据描述（内容编码）采用 XML 及其相关语法结构，在扩展性的指导下，元数据的描述不但包括对元数据术语集的描述，还包括对实例文档的结构语法的描述。

4.2.3 一致性原则

从客观实践和理论应用的角度来说，数字视音频资源元数据设计不但要基于国家数字图书馆标准规范体系，还要结合数字视音频资源的特性整体制定；元数据的设计和实施，不但要实现，更要保障视音频资源与数字图书馆其他类型元数据在功能、数据结构、格式、语义和语法等方面的一致性和整体性。

4.3 元数据结构

通常来说，元数据结构一般包括三种，分别是语义结构、内容结构及句法结构。

4.3.1 语义结构

为规范元数据术语定义，所有元素术语定义参照 GB/T 18391.3—2009《信息技术 元数据注册系统（MDR）第 3 部分：注册系统元模型与基本属性》[84]，按如表 4-1 所示属性定义术语。

表 4-1 元数据术语定义属性

序号	属性名	属性定义	约束
1	名称（Name）	赋予术语的唯一标记，一般首字母为英文小写	必备
2	出处（Defined By）	一般给出定义术语（特别是给出术语"名称"与"统一资源标识符"）的来源名称及来源的 URI（统一资源标识符）。如无来源名称与 URI，也可以是定义术语或维护术语的机构名称；或者也可以是书目引文，指向定义该术语的文献	必备
3	复用（Reuse）	对于其他元数据标准中已经有明确定义并适用于本应用的元素的直接使用，使用时标明其地址	有则必备
4	标签（Label）	描述术语的可读标签，一般为中文，可随资源不同选择不同的描述术语	必备

序号	属性名	属性定义	约束
5	定义（Definition）	对术语概念与内涵的说明	必备
6	说明（Comments）	关于术语或其应用的其他说明，如特殊的用法等	可选
7	编码体系 （Encoding Scheme）	用于说明取值或编码所遵循的规范体系的一种特殊限定，包括语法编码体系和词表编码体系，其形式包括受控词表、各种规范表和解析规则。在定义术语时，如果有编码体系，需在此给出。一般给出术语的名称，推荐同时给出 URI	有则必备
8	必备性（Mandatory）	术语的必备约束，包括：必备、有则必备、可选	可选
9	频次范围 （Occurrence）	术语使用的频次范围。一般不限（全部可重复）	可选
10	语言（Language）	说明术语的语言	可选
11	示例（Example）	可供参考的著录范例	可选

需要注意的是，术语"名称"和"标签"是两个完全不同的概念。术语"名称"（Name）指赋予元数据术语的唯一标记。根据 DCMI 命名域政策，术语名称作为添加在 DCMI 命名域 URI 后构成统一资源标识符的一部分，是该术语在全球性的唯一标识符。术语"标签"（Label）指描述术语的人读标签，是元素"名称"的一种语义属性，在具体的应用领域可以有多种标签，但标签在语义上不能与术语"名称"的语义有所冲突或扩大。

4.3.2　内容结构

元数据的内容结构是指元数据中术语之间的关系。为方便各图书馆的业务人员理解和进行实际著录实践，本书参照 DCMI 采用术语集（DCMI Terms）方式呈现元数据内容结构。

在数字图书馆工程元数据应用体系模型中，元数据基本内容结构采用核心集元素、资源类型核心元素、用于具体对象的个别元素三种构成。三种性质的划分是对图书馆常见的 14 种类型资源进行整体考虑而做的划分。其中，

"核心集元素"是对所有类型资源都通用的元素；"资源类型核心元素"是相对于全部类型资源通用而言，有了更加限定的范畴；"用于具体对象的个别元素"只适用于某些特定类型的资源（数字图书馆工程区分出古文献系列、论文系列、视音频系列等）。对于单纯的视音频资源著录而言，采用以上的划分方法和模式有些复杂，因此，本书设计数字视音频资源元数据内容结构，从业务人员的实践出发，不沿用数字图书馆工程中对元数据内容结构的划分。在日常工作中，如果要对复杂的复合数字对象进行元数据著录，则可以根据资源类型参阅相应的专门元数据规范规定编制元数据。

4.3.3　句法结构

元数据的句法结构定义格式结构及其描述方式。为切实指导各个图书馆实际业务工作和数据制作，参考 DCMI 推荐规范《DC XML 实施指南》（ *Guidelines for implementing Dublin Core in XML*[85] ）和草案《视音频资源元数据的 XML 形式化表达》（ *Expressing Dublin Core metadata using XML* ），本书推荐数字视音频资源元数据的元素结构描述方法采用 XML 结构，制作基于 XML 的元数据，进而方便机器读取、数据交换和共享。

为较清晰地表现视音频资源的出处来源以及元素语义，也为了提升数据的互操作性，本书在元数据内容中适当增加了命名空间说明，并给出以 XML 及其语法表示的数据范例，以方便本书使用者进行参考和实践操作。

5

数字视音频元数据规范详解

5.1　著录对象分析

5.1.1　著录对象特点分析

数字视音频资源的主要特点在于其是以视觉和听觉作为表现方式；展现出的形态多样，既有模拟信号记录，也有数字形式记录；不同用户对视音频资源的需求也很多元，不同的应用场景有着不同的用户要求。因此在制作视音频资源元数据时，应以资源建设和资源利用的现实需要为主要参考。

5.1.2　著录对象之间的关系

数字视音频资源往往具有多级层次，在进行元数据著录时是需要根据著录对象的层级关系、版本关系、衍生关系等不同情况，区分采用不同元数据著录的模式。

对于含有多层级的视音频资源，著录对象之间的关系比较复杂，常见的有包含关系、版本关系和衍生关系。包含关系是指"整体—部分"关系，例如系列视音频资源与其系列中的具有独立标识的单个视音频资源，以及与单个视音频资源中析出的个体视音频信息之间则是包含关系；版本关系常指某个视音频资源的不同语种之间的"版本"关系；衍生关系常指视音频资源的数字化版本与其母本、复制、仿真处理版本之间的"衍生"关系。

当数字视音频资源存在数字"衍生"关系时，如"4.1 资源分析"所述，对于内容上完整复制的视音频资源的各种版本，如数字版本与母体版本、不同格式的数字版本（AVI、MPG）等，元数据著录可以采用"内容表达"进行著录的模式，即将同一内容的不同载体表现、同一数字化制作或出版的所有单件作为著录对象。

当数字视音频资源存在"整体—部分"关系、不同语种的"版本"关系时，本书建议对不同对象分别进行元数据著录，通过"关联"术语实现互相连接和关系揭示。

5.1.3　著录单元

对于数字视音频资源的著录，各个图书馆可以根据资源特点和资源揭示需要确定著录单元。一般来说，以具有独立标识（如具有独立的可识别名称）、可以单独使用的一条视音频资源作为著录单位。著录级可以是单个视音频资源、成系列的视音频资源，也可以是从单个视音频资源中析出的视音频信息单元（例如音视频小节、某个片段等）。

为了深度揭示资源，建议各个图书馆可适当地选择按照集合层、个体层、分析层分步制作元数据。集合层以系列视音频资源或视音频资源集合为单位，如国家图书馆公开课"丝绸之路与丝路之绸"课程[86]，该课程即为集合层，可以制作集合层的元数据。该课程包含 15 讲，每一讲作为独立的"课程小节"，具有独立标识，可单独使用。这样的单个视音频资源可以作为个体层单独著录，如"第一讲 扶桑灵机——列入人类非遗的蚕桑丝织技艺"有独立 URI 标识，是独立可访问的数字对象，可以单独使用，可以为其制作个体层元数据。在个体层中，还可以根据内容及主旨；分析出一些片段、场景或镜头，在实践工作中可以为它们编制对应分析层元数据。如公开课"丝绸之路与丝路之绸"中"第一讲 扶桑灵机——列入人类非遗的蚕桑丝织技艺"有一个"2009 年 10 月中国蚕桑丝织技艺被联合国教科文组织列入《人类非物质文化遗产代表作名录》"片段，该片段可以制作分析层元数据。

5.2　著录信息源

数字视音频资源的主要著录信息源为资源内部呈现的信息，如题名屏、主菜单、包含主题行的文件头标或其他突出显示的标识信息。规定信息源依次为题名帧与片尾、物理载体上或容器上的标签（派生的数字音频资源适用）、视音频资源整体（主菜单、源代码头标、节目说明等）及其他附件等。

对于数字视音频资源的主要信息源外的其他信息，可以在元数据 description（描述）字段中或 note（附注）字段中进行说明。

数字视频资源的主要著录信息源是视频资源本身，原生性数字视频资源的著录信息源按优先级依次为屏幕、源代码的头标。

5.3　著录用文字与符号

元数据制作时，应按数字视音频资源本身文字客观著录。数字化的视音频资源按照其物理载体上或作为组成部分的容器上的标签等上面的文字进行著录，原生性数字视音频按照屏幕和源代码头标上的文字进行著录。

使用编码体系取值时，要按编码体系所使用的文字著录。例如，根据语种编码体系著录声道语种时，采用编码体系中的"chi"（汉语）、"uig"（维吾尔语）、"tib"（藏语）、"eng"（英语）等。根据《中国图书馆分类法》（第 5 版）标引一个音乐类的音频资源分类时，使用"J642.1"。（注：著录体系，Encoding Schemes，一种特殊的限定，说明元素或元素修饰词的取值或编码所遵循的规范体系，包括语法编码体系和词表编码体系，其形式包括受控词表、各种规范表和解析规则。）

在数字视音频资源元数据著录中，由著录人员编写的信息，如中文摘要、资源评价、中文关键词等文字可以使用中文，中文简、繁体视资源本身及揭示需要确定。对于著录时所采用的符号，本书建议遵循 ISBD[87]相关规定进行标识符著录。如果 ISBD 不适用，建议采用 DCSV[88]进行规范。

5.4 视音频资源术语集

数字视音频资源元数据著录所采用的术语要遵照可复用、可扩展、可自定义等原则，各个图书馆根据视音频资源的内容特点、资源揭示需求、资源利用和服务需求等特点，在可扩展的原则指导下，进行元数据术语定义和术语扩充。为了保障元数据的互操作性和可交换性，在元数据设立扩展时，应尽可能复用已有权威的、通用的开放词表，并严格遵循元数据的语义定义，并且不能与视音频资源术语集中已有术语语义有所冲突或交叉。

根据数字视音频资源的普遍性内容特点及揭示服务需求，本书总结归纳出数字视音频资源常用术语集（如表 5-1 所示）。在图书馆的实际工作实践中，业务人员可以将此术语集作为工作参考，也可以在此术语集基础上根据要著录的数字视音频资源的内容特点、揭示需求以及利用需求，在扩展原则指导下自行进行补充。

在数字视音频资源常用术语集的列表中，本书从"名称""标签""编码体系""复用""著录层级"五个维度，对数字视音频资源的元数据术语进行了详细的说明。在"名称"列所示术语中，斜体部分为细化语义的术语。"标签"列所示术语，表示业务人员可以读取和认知的名称，在图书馆的实际工作实践中，建议业务人员对不同项目、不同年代建设的数字视音频均做统一化规定和管理，即将此列名称在不同项目中进行统一和规范化定义（例如，在不同建设项目中，对于"title"术语均称为"名称"，对于"creator"术语均称为"创建者"等）。与此同时，表 5-1 只是列出了数字视音频资源常用的元数据术语，不同图书馆的业务人员可以根据视音频资源特点、资源揭示和服务利用需要，在扩展原则指导下进行相应的扩展和补充。

表 5-1 所示的视音频资源常用术语集中，元数据元素是否必备、是否可重复，视具体资源情况以及应用实际而定。一般来说，元数据元素是可选和可重复的。在图书馆的实际工作实践中，建议业务人员根据实际情况进行调

整和设置。根据多年来的工作经验，建议"title"（名称）、"identifier"（标识符）均设置为必备项。从视音频资源的内容揭示角度考虑，建议"creator"（创建者）、"subject"（主题）、"description"（描述）、"rights"（权限）等元素均设置为必备项。从视音频资源的形态揭示角度考虑，"creator"（创建者）、"language"（语种）、"coverage"（时空范围）、"format"（格式）、"type"（类型）等元素均建议设置为必备项。表 5-1 所示的视音频资源常用术语集中的各个术语排序不做强制规定，各个图书馆可以根据自身需求决定元素的排序。

当视音频资源为多种资源类型组成的复合数字对象时，元数据可以根据所包含的不同类型数字对象（如文本、视频、音频、图像等）相应地遵循其对象类型的元数据著录规则。

表 5-1　视音频元数据术语集总览

名称	标签	编码体系	复用	集合层	个体层	分析层
title	名称	—	dcterms:title	√	√	√
·alternative	其他名称	—	dcterms:alternative	√	√	√
creator	创建者	名称规范档	dcterms:creator	√	√	√
·role	责任方式	名称规范档	mods:role	√	√	√
contributor	其他责任者	名称规范档	dcterms:contributor	√	√	√
·role	责任方式	名称规范档	mods:role	√	√	√
publisher	出版者	名称规范档	dcterms:publisher	√	√	
subject	主题	中分表；中图法；公开课分类；其他主题或分类词表	dcterms:subject	√	√	√
description	描述	—	dcterms:description	√	√	√
·abstract	摘要	—	dcterms:abstract	√	√	√
·tableOfContents	目次	—	dcterms:tableOfContents	√	√	
date	日期	W3C-DTF	dcterms:date	√	√	
·created	创建日期	W3C-DTF	dcterms:created	√	√	
·published	开放日期	W3C-DTF	dcterms:published	√	√	
·dateCopyrighted	版权日期	W3C-DTF	dcterms:dateCopyrighted	√	√	
language	语种	ISO 639-2	dcterms:language	√	√	√
·audioChannelLanguage	声道语种	ISO 639-2	WH/T 63-2014 视频资源元数据规范	√	√	√
·subtitleLanguage	字幕语种	ISO 639-2	WH/T 63-2014 视频资源元数据规范	√	√	√
rights	权限	—	dcterms:rights	√	√	
·rightsHolder	版权所有者	—	dcterms:rightsHolder	√	√	
·accessRights	访问权限	—	dcterms:accessRights	√	√	

名称	标签	编码体系	复用	集合层	个体层	分析层
Coverage	时空范围	—	dcterms:coverage	√	√	√
·temporal	时间范围	DCMI Period; W3C-DTF	dcterms:temporal	√	√	√
·spatial	空间范围	DCMI Point; GB/T 2659—2000	dcterms:spatial	√	√	√
relation	关联		dcterms:relation	√	√	√
·isPartOf	包含于	ISRC; DOI; URI; 其他标识	dcterms:isPartOf	√	√	√
·isVersionOf	原版本		dcterms:isVersionOf	√	√	
format	格式	—	dcterms:format	√	√	
·medium	物理媒介	IMT	dcterms:medium	√	√	√
·extent	规格	—	dcterms:extent	√	√	√
·technique	技术细节	WH/T 51—2012 图像元数据规范		√	√	
type	类型	DCMI Type; 《信息资源分类表》[89]	dcterms:type	√	√	√
identifier	标识符	ISBN; ISRC; DOI; URI; 其他标识	dcterms:identifier	√	√	√
source	来源	ISBN; ISRC; DOI; URI; 其他标识	dcterms:source	√	√	√
edition	版本		mods:edition	√	√	
location	馆藏信息		mods:location	√	√	
·physicalLocation	馆藏位置		mods:physicalLocation	√	√	√
·url	在线地址		mods:url	√	√	√
recordIdentifier	记录标识符		mods:recordIdentifier	√	√	√

注："·"标记为细化语义的术语

5.5　视音频资源元数据制作与示例

基于前面所述数字视音频资源元数据著录规则和注意事项，本书结合图书馆实际工作经验，逐一给出每个元数据元素项的定义、说明和使用要求。为了使业务人员在图书馆的实际工作实践中，可以准确理解和掌握每个元数据元素项的含义和使用方法，本书对每一个元数据元素项均结合实例和解释，详细解读元素项的具体使用方法。

5.5.1　名称

标签：名称。

名称：title。

定义：赋予视音频资源的名称。

说明：一般指视音频资源正式公开的名称，包含多部分题名。

复用：dcterms:title。

出处：都柏林核心元数据术语集（http://purl.org/dc/terms/）。

使用要求：

（1）如果数字视音频资源是按主要信息源资源名称和文字进行转录（具体详见"5.2 著录信息源"），包括文字、标点、数字、西文字母以及空格等，原则上都要客观照录。但如果遇到以下情况，则要特殊处理：视音频资源的原始名称中有方括号，则在著录时候要将该"方括号"著录为"圆括号"；视音频资源的原始名称中有无法照录的图形、符号或其他内容，则在著录时可以用文字代替，将文字著录在方括号内。

（2）如果数字视音频资源的主要信息源和规定信息源上无名称，在著录时可以根据其他信息源进行著录，或者由著录人员自拟题名，将自拟题名置于方括号内，并在"描述（description）"项说明，记录"名称系著录员自拟"字样。

（3）如果数字视音频资源包含由不同创建者创作的多部作品，但在规定信息源上这些作品并没有总题名，在这种情况下，建议将每个单独的作品名称分别使用元数据术语"title"建立独立的作品元数据。

（4）如果数字视音频资源的规定信息源有两种或两种以上的语种名称，建议在著录时，选取与声道语种一致的语种名称，在元数据术语"title"中著录，其他语种名称在元数据术语"alternative"中著录，并且添加语言标记说明题名语种，如<lang=" en-US " >。

（5）如果数字视音频资源的规定信息源题名存在明显错误，建议著录时依照原样如实照录；并且还要在元数据术语"description"中进行明确说明，著录"名称原题'A'系'B'之误"字样。

（6）分层著录时元数据术语"title"的著录方法：如果数字视音频资源包含多部作品，并且在规定信息源上出现总题名和多个作品题名，如成系列的讲座、口述采访、唱片等，在进行资源元数据著录时，建议分别制作集合层、个体层元数据（如有揭示需要，也可以进一步细化，制作分析层元数据）。在集合层著录中，将数字视音频资源的总题名作为正题名；在个体层著录时，将多个作品的题名分别在各自个体层元数据术语"title"中著录，使用"isPartOf"元素关联对应的集合层元数据。

必备性：必备。

可重复性：可重复。

例5.1：数字视频资源名称"我心飞翔"。

<dcterms:title>我心飞翔</dcterms:title>

例5.2：对于数字视音频资源名称中包含分集、分集次、分集总数等信息或补充、限定、说明、解释性的其他题名信息，都在"名称"元素中著录，参考ISBD对题名的标识规则进行标识。

数字音频资源名称"鼓宴：坦桑尼亚音乐"。

<dcterms:title>鼓宴：坦桑尼亚音乐</dcterms:title>

例5.3：数字音频资源名称"朗朗最新钢琴独奏"（该名称将由著录人员自拟撰写）。

<dcterms:title>[朗朗最新钢琴独奏]</dcterms:title>

<dcterms:description>名称系著录员自拟</dcterms:description>

例 5.4：原始数字视音频资源的名称存在错误，在著录时候需要注明错误之处。

<dcterms:title>A...<dcterms:title>

<dcterms:description>名称原题'A...'系'B...'之误</dcterms:description>

例 5.5：数字视频资源包含集合层、个体层、分析层著录示例。

集合层著录：

<dcterms:title>百家讲坛</dcterms:title>

个体层著录：

<dcterms:title>三国名将之诸葛亮</dcterms:title>

<dcterms:isPartOf>（集合层 ID）</dcterms:isPartOf>

分析层著录：

<dcterms:title>三国名将之诸葛.1,卧龙出山</dcterms:title>

<dcterms:isPartOf>（个体层 ID）</dcterms:isPartOf>

<dcterms:title>（二）北伐悲歌</dcterms:title>

<dcterms:isPartOf>（个体层 ID）</dcterms:isPartOf>

例 5.6：视频资源集合层、个体层著录示例。

集合层著录：

<dcterms:title>丘成桐口述史料</dcterms:title>

个体层著录：

<dcterms:title>第 1 次口述：家庭环境</dcterms:title>

<dcterms:isPartOf>（集合层 ID）</dcterms:isPartOf>

例 5.7：音频资源集合层、个体层著录示例。

集合层著录：

<dcterms:title>青蛙弗洛格的成长故事</dcterms:title>

音频个体层著录：

<dcterms:title>冬天里的弗洛格</dcterms:title>

<dcterms:isPartOf>（集合层 ID）</dcterms:isPartOf>

5.5.1.1　其他名称

标签：其他名称。

名称：alternative。

定义：赋予资源的替代名称。

说明：根据 DCMI 规则，"alternative"与"title"差异特定于具体应用。此处泛指除正式题名以外的一切其他题名，包含其他语言的名称、全简称等。

复用：国家图书馆图像资源元数据、网络资源元数据"元素修饰词 alternative"等同于"dcterms:alternative"。

出处：国家图书馆图像资源元数据规范和著录规则；网络资源元数据规范和著录规则；都柏林核心元数据术语集。

使用要求：数字图书馆工程视频、音频规范在"title"下设置多个细分，包括并列题名、交替题名、其他题名信息、系列题名、分集总数、分集次，本书细则参考 DC 和国家图书馆图像资源元数据、网络资源元数据规范对"title"的处理，仅做"title"及"alternative"简单区分，各个图书馆也可以参考并自主选择著录方式。

必备性：有则必备。

可重复性：可重复。

例 5.8：使用不同语种语言著录《红楼梦》。

<dcterms:title xml:lang=chi>红楼梦</dcterms:title>

<dcterms:alternative xml:lang=eng>The Dream Of Red Mansions </dcterms:alternative>

5.5.2　创建者

标签：创建者。

名称：creator。

定义：创建资源的主要责任实体。

说明：包括个人、机构、服务等。如有需要，创建者实体和责任方式可以分别细化著录，责任方式可以复用 mods:role。

复用：dcterms:creator。

出处：都柏林核心元数据术语集。

使用要求：建议使用名称规范，如个人名称、团体名称等，著录该款目唯一标识符。

必备性：有则必备。

可重复性：可重复。

编码体系：名称规范档。

例 5.9：

```
<dcterms:creator xsi:type="recordID">000438284</dcterms:creator>
```

*注："000438284"系"李开复"在国家图书馆名称规范档系统中的标识号。

例 5.10：

```
<dcterms:creator xml:lang=chi>李彦宏</dcterms:creator>
```

*注："李彦宏"系被著录资源的主要责任者姓名。

5.5.2.1 责任方式

标签：责任方式。

名称：role。

定义：资源与责任实体之间的关系说明。

说明：阐述关系说明语。可以从已有的关系说明语术语表术语中取值。

复用：mods:role。

出处：元数据对象描述模型。

使用要求：从已有的关系说明语术语表术语中取值。

编码体系：关系说明语术语表。

必备性：有则必备。

可重复性：可重复。

例 5.11：

<mods:role xml:lang=chi>口述</mods:role>

*注：说明责任者与被著录资源之间的关系是"口述"，即责任者是该数字视音频资源的口述者。

5.5.3 其他责任者

标签：创建者。

名称：contributor。

定义：对资源作出贡献的责任实体。

说明：包括个人、机构、服务。关于其他责任者，其他责任者实体和责任方式可以都在 contributor 下著录。如有需要，其他责任者实体和责任方式也可以分别细化著录，责任方式可以复用 mods:role。

复用：dcterms:contributor。

出处：都柏林核心元数据术语集。

使用要求：建议使用名称规范，如个人名称、团体名称等，著录该款目唯一标识符。

必备性：有则必备。

可重复性：可重复。

编码体系：名称规范档。

例 5.12：

<dcterms:contributor xsi:type="recordID"> 000679404 </dcterms:contributor>

*注："000679404"系"刘纯燕"（金龟子）在国家图书馆名称规范档中的系统标识号。

例 5.13：

<dcterms:contributor xml:lang=chi>马化腾</dcterms:contributor>

*注："马化腾"系被著录资源的责任者的人物姓名。

5.5.3.1 责任方式

标签：责任方式。

名称：role。

定义：资源与责任实体之间的关系说明。

说明：阐述关系说明语。可以从已有的关系说明语术语表术语中取值。

复用：mods:role。

出处：元数据对象描述模型。

使用要求：建议从已有的关系说明语术语表术语中取值。

编码体系：关系说明语术语表。

必备性：有则必备。

可重复性：可重复。

例 5.14：

<mods:role xml:lang=chi>编辑</mods:role>

*注：责任实体与被著录资源之间是编辑关系。

例 5.15：

<mods:role xml:lang=chi>摄影</mods:role>

*注：责任实体与被著录资源之间是摄影与被拍摄的关系。

例 5.16：

<mods:role xml:lang=chi>采访</mods:role>

*注：责任实体与被著录资源之间是采访与被采访的关系。

5.5.4 出版者

标签：出版者。

名称：publisher。

定义：使资源可以获得的责任实体。

说明：包括个人、组织或某项服务。著录视音频资源出版单位信息。关于出版者，出版者实体及其出版地可以都在 publisher 下著录。也可以细化精

113

确著录，使用限定属性，出版者实体和出版地分别著录。

复用：dcterms:publisher。

出处：都柏林核心元数据术语集。

编码体系：名称规范或其他受控词表。

必备性：有则必备。

可重复性：可重复。

例 5.17：

<dcterms:publisher xml:lang=chi>人民邮电出版社</dcterms:publisher>

例 5.18：

<dcterms:publisher xml:lang=chi>广东音像出版社有限公司</dcterms:publisher>

5.5.5　主题

标签：主题。

名称：subject。

定义：资源的主题。

说明：包括主题词、分类号、关键词等。主题建议采用受控词表，如中图法等相关主题词表。原生性视音频资源的主题词可以采用非受控主题词（关键词）。对于各个图书馆建设的特色专题库，可以选择自定义的专题主题词表、专题分类、专题关键词等，进而体现出特色专题库的知识化内容。

复用：dcterms:subject。

出处：都柏林核心元数据术语集。

编码体系：中图法、中分表、四部分类法、学科分类等。

必备性：有则必备。

可重复性：可重复。

例 5.19：

<dcterms:subject xsi:type="CLC">K825.76</dcterms:subject>

*注：编码体系：中分表。

例 5.20：

<dcterms:subject xsi:type="CCT">筝--独奏曲--中国</dcterms:subject>

*注：编码体系：中图法。

例 5.21：

<dcterms:subject xsi:type="W3CDTF">达斡尔族;民族文化</dcterms:subject>

*注：关键词、并列多值建议以半角分号分隔。

5.5.6 描述

标签：描述。

名称：description。

定义：对资源的说明解释。

说明：建议使用具体的描述类别（如摘要、目录等）。

复用：dcterms:description。

出处：都柏林核心元数据术语集。

必备性：可选。

可重复性：可重复。

5.5.6.1 摘要

标签：摘要。

名称：abstract。

定义：资源的概要描述。

复用：dcterms:abstract。

出处：都柏林核心元数据术语集。

必备性：有则必备。

可重复性：可重复。

例 5.22：

<dcterms:abstract>国图公开课"传统艺术公开课"系列课程之《音乐里的

中国》，由著名音乐学家田青先生主讲。田青先生将通过十讲课程，介绍音乐的起源，解读中国的礼乐制度，介绍佛教音乐，带领大家欣赏宋代姜白石的歌曲，感受音乐里的家国情怀。课程还将现场呈现多位著名音乐表演艺术家的古今音乐表演，您将切身感受来自远古的骨笛之音，欣赏古琴、琵琶、古筝名曲，聆听佛乐梵呗和阿炳《二泉映月》的原版录音，欣赏古老编钟的现代演绎，感受"民歌就是黄河水，祖国大地处处歌"的意境与魅力。

</dcterms:abstract>

5.5.6.2　目次

标签：目次。

名称：tableOfContent。

定义：资源的子单元。

复用：dcterms:tableOfContent。

出处：都柏林核心元数据术语集。

必备性：有则必备。

可重复性：可重复。

例 5.23：

<dcterms:tableOfContent xml:lang=chi>课程主要包括三部分内容，第一部分 中国建筑是什么？包含了中国古代建筑的概念、中国古代建筑的特征、中国古代建筑的历史和思想等。第二部分 中国建筑有什么？包含中国建筑类型的特点，中国古代建筑的重要的遗存等。第三部分中国建筑为什么是这样？包含中西建筑审美与文化的差异、宋代的《营造法式》解析等。

</dcterms:tableOfContent>

5.5.7　日期

标签：日期。

名称：date。

定义：资源生命周期中一个事件相关的时刻或一段时间。

说明：建议采用更具专指度的日期限定进行著录，以具体描述资源生命周期中具体某个事件相关的时刻或一段时间。

复用：dcterms:date。

出处：都柏林核心元数据术语集。

编码体系：W3C-DTF。

必备性：可选。

可重复性：可重复。

5.5.7.1 创建日期

标签：创建日期。

名称：created。

定义：资源的创建日期。

说明：针对视频等，创建日期为拍摄日期。针对音频等资源，创建日期为录制日期。

复用：dcterms:created。

出处：都柏林核心元数据术语集。

编码体系：W3C-DTF。

必备性：有则必备。

可重复性：可重复。

例 5.24：

```
<dcterms:created xsi:type="W3CDTF">2021</dcterms:created>
```

例 5.25：

```
<dcterms:created xsi:type="W3CDTF">2021-03-04</dcterms:created>
```

例 5.26：

```
<dcterms:created  xsi:type="W3CDTF">2021-05-29T10:00:00-05:00 </dcterms:created>
```

*注：不同时间表示方式所对应的著录方式。

5.5.7.2　开放日期

标签：开放日期。

名称：issued。

定义：资源出版发行或发布的日期。

复用：dcterms:issued。

出处：都柏林核心元数据术语集。

编码体系：W3C-DTF。

必备性：有则必备。

可重复性：可重复。

例 5.27：

<dcterms:issued xsi:type="W3CDTF">2021-05-11</dcterms:issued>

5.5.7.3　版权日期

标签：版权日期。

名称：dateCopyrighted。

定义：资源的版权日期。

复用：dcterms:dateCopyrighted。

出处：都柏林核心元数据术语集。

编码体系：W3C-DTF。

必备性：有则必备。

可重复性：可重复。

例 5.28：

<dcterms:dateCopyrighted xsi:type="W3CDTF">2021/2030</dcterms:
dateCopyrighted>

5.5.8　语种

标签：语种。

名称：language。

定义：资源内容的语种。

说明：专指资源内容的语种，而非元数据描述的语种。可以按需细化著录具体的声道语种或字幕语种。如果资源有多声道，而各声道具有不同语种，或具有多个字幕，字幕为多种语种，则以主要语种作为著录内容。

复用：dcterms:language。

出处：都柏林核心元数据术语集。

编码体系：ISO 639-2。

注：常见语种识别代码（ISO 639-2）如表 5-2 所示。

表 5-2　常见语种识别代码

语种	汉语	英语	德语	日语	韩语、朝鲜语	俄语	意大利语	法语	西班牙语
代码	chi	eng	ger	jpn	kor	rus	ita	fre	spa

必备性：有则必备。

可重复性：可重复。

例 5.29：

`<dcterms:language xsi:type="ISO 639-2">eng</dcterms:language>`

*注：被著录资源内容为英语，"eng"系 ISO 639-2 编码体系中的"英语"语种表示。

5.5.8.1　字幕语种

标签：字幕语种。

名称：subtitleLanguage。

定义：视音频资源的字幕的语种。

说明：建议视需要采用受控词表标识，如 ISO 639-2。

出处：国家图书馆自定义"nloc:subtitleLanguage"。

编码体系：ISO 639-2。

必备性：有声、字幕的视听资源必备。

例 5.30：

<nloc:subtitleLanguage xsi:type="ISO 639-2">fre</nloc:subtitleLanguage>

*注：被著录资源的字幕语种为法语，"fre"系 ISO 639-2 编码体系中的
"法语"语种表示。

5.5.8.2　声道语种

标签：声道语种。

名称：audioChannelLanguage。

定义：视音频资源声音通道的语种。

说明：建议视需要采用受控词表标识，如 ISO 639-2。

出处：国家图书馆自定义"nloc:audioChannelLanguage"。

编码体系：ISO 639-2。

必备性：有声、字幕的视听资源必备。

例 5.31：

<nloc:audioChannelLanguage xsi:type="ISO 639-2">chi</nloc:audio
ChannelLanguage>

*注：被著录资源的声道语种为汉语，"chi"系 ISO 639-2 编码体系中的
"汉语"语种表示。

5.5.9　权限

标签：权限。

名称：rights。

定义：资源的权利信息。

说明：建议使用更具专指性的限定进行著录，如 rightsHolder（版权拥有
者），accessRights（访问权限）。

复用：dcterms:rights。

出处：都柏林核心元数据术语集。

必备性：有则必备。

可重复性：可重复。

5.5.9.1 版权拥有者

标签：版权拥有者。

名称：rightsHolder。

定义：资源的版权拥有者或管理者（人或机构）。

复用：dcterms:rightsHolder。

出处：都柏林核心元数据术语集。

必备性：有则必备。

可重复性：可重复。

例 5.32：

<dcterms:rightsHolder xml:lang=chi>四川省非物质文化遗产保护中心
</dcterms:rightsHolder>

5.5.9.2 访问权限

标签：访问权限。

名称：accessRights。

定义：可以访问资源的个人或机构的职权范围或对资源密级、安全或其他政策的说明。

说明：访问权限可以包括基于隐私、安全或其他策略的访问或限制信息。

复用：dcterms:accessRights。

出处：都柏林核心元数据术语集。

必备性：有则必备。

可重复性：可重复。

例 5.33：

<dcterms:accessRights xml:lang=chi>公开访问</dcterms:accessRights>

*注：被著录资源的访问权限可以无限制地面向社会公众，即公开访问。

例 5.34：

<dcterms:accessRights xml:lang=chi>局域网访问</dcterms:accessRights>

*注：被著录资源的访问权限有空间范围限制，只限于局域网访问。

5.5.10　时空范围

标签：时空范围。

名称：coverage。

定义：资源的空间或时间主题。

说明：记录资源内容的时间主题或空间主题。建议采用更具专指度的限定进行著录，如 temporal、spatial。

复用：dcterms:coverage。

出处：都柏林核心元数据术语集。

编码体系：W3C-DTF、GB/T 2260—2007。

5.5.10.1　时间范围

标签：时间范围。

名称：temporal。

定义：资源内容中的时间主题。

说明：可以是具名的时期，也可以是日期或时间段。建议使用受控词表，如 DCMI Period、ISO 8601-1、W3C-DTF。

复用：dcterms:temporal。

出处：都柏林核心元数据术语集。

编码体系：DCMI Period、ISO 8601-1、W3C-DTF。

必备性：有则必备。

可重复性：可重复。

例 5.35：

```
<dcterms:temporal xsi:type="W3CDTF">1896/1898</dcterms:temporal>
```

*注：被著录资源所描述的时间主题是 1896 年至 1898 年。

5.5.10.2　空间范围

标签：空间范围。

名称：spatial。

定义：资源内容中的空间主题。

复用：dcterms:spatial。

出处：都柏林核心元数据术语集。

编码体系：GB/T 2659—2000 世界各国和地区名称代码，GB/T 2260—2007 中华人民共和国行政区划代码，DCMI Point。

必备性：有则必备。

可重复性：可重复。

例 5.36：

<dcterms:spatial xsi:type="GB/T 2260-2007">110000</dcterms: spatial>

*注：采用编码体系 GB/T 2260—2007，110000 表示北京市。

5.5.11　关联

标签：关联。

名称：relation。

定义：与资源相关的关联资源。

说明：建议采用更具专指度的限定进行著录，如"包含于"（dcterms: isPartOf）、"原版本"（dcterms:isVersionOf）。

复用：dcterms:relation。

出处：都柏林核心元数据术语集。

编码体系：URI 等。

必备性：可选。

可重复性：可重复。

注释：从图书馆的实践应用上看，数字视音频资源之间的关联关系（包含关系、并列关系）对于资源的内容揭示和关系管理具有必不可少的作用。例如，成系列的视音频资源，其整体的资源内容表述与该系列下每一个资源单元之间的关系的著录和表达，同一系列下每个资源单元之间的关系的揭示与著录。

5.5.11.1　包含于

标签：包含于。

名称：isPartOf。

定义：被描述资源是另一资源的物理或逻辑上的组成部分。

复用：dcterms:isPartOf。

出处：都柏林核心元数据术语集。

编码体系：加工编号、记录标识号、ISRC、URI 等。

必备性：有则必备。

可重复性：可重复。

例 5.37：

<dcterms:isPartOf xsi:type="recordID">001600295</dcterms:isPartOf>

*注："001600295"系被著录资源所属系列的记录标识号，所属系列有其单独的元数据。

5.5.11.2　原版本

标签：原版本。

名称：isVersionOf。

定义：另一资源是被描述资源的原版本。

复用：dcterms:isVersionOf。

出处：都柏林核心元数据术语集。

编码体系：加工编号、记录标识号、ISRC、URI 等。

必备性：有则必备。

可重复性：可重复。

例 5.38：

<dcterms:isVersionOf xsi:type="recordID">001600386</dcterms:isVersionOf>

*注："001600386"系被著录资源所属原始版本的记录标识号，原始版本有其单独的元数据。

5.5.12　格式

标签：格式。

名称：format。

定义：资源的文件格式、物理媒介或规格（大小、时长）。

说明：著录时可以都在 format 下著录，在日常实践操作中，也建议采用更具专指度的限定进行著录，如 extent、medium、technique 等。对于视音频资源格式相关的数量、时长、分辨率、声道格式、音频编码格式、音频采样频率、音频位深度、音频数据码率、视频编码格式、视频取样格式、视频数据码率等技术细节和参数信息，建议设置限定性使用。

复用：dcterms:format。

出处：都柏林核心元数据术语集。

必备性：有则必备。

可重复性：可重复。

编码体系：IMT。

例 5.39：

<dcterms:format xsi:type="IMT">mpeg</dcterms:format>

*注："mpeg"表示被著录资源的格式。

5.5.12.1　物理媒介

标签：物理媒介。

名称：medium。

定义：资源的材质或物理载体。

复用：dcterms:medium。

出处：都柏林核心元数据术语集。

必备性：有则必备。

可重复性：可重复。

例 5.40：

<dcterms:medium>DVD</dcterms:medium>

*注："DVD"表示被著录资源的物理载体。

5.5.12.2　规格

标签：规格。

名称：extent。

定义：资源的大小或时长。

说明：建议时长采用 PT_H_M_S 形式著录时、分、秒。

复用：dcterms:extent。

出处：都柏林核心元数据术语集。

必备性：有则必备。

可重复性：可重复。

例 5.41：

<dcterms:extent>131MB</dcterms:extent>

*注：被著录资源的存储大小为 131MB。

例 5.42：

<dcterms:extent>PT2H7M30S</dcterms:extent>

*注：被著录资源的时长为 2 小时 7 分 30 秒。

5.5.12.3　技术细节

标签：技术细节。

名称：technique。

定义：使用资源的技术环境及其相关的技术指标。

说明：包括资源所需的软硬件设备以及与格式有关的其他特征，如色彩、分辨率、制作方法。

复用：国家图书馆图像资源元数据中的元素修饰词"technique"。

出处：国家图书馆图像资源元数据规范和著录规则。

必备性：有则必备。

可重复性：可重复。

例 5.43：

<nloc:technique>分辨率：1920*1080；视频编码格式：MPEG-2；视频码率：20000Kbps；音频编码格式：MPEG-1 Layer2；音频码率：384Kbps；音频采样率：48kHz</nloc:technique>

5.5.13　类型

标签：类型。

名称：type。

定义：资源的特征或类型。

复用：dcterms:type。

出处：都柏林核心元数据术语集。

编码体系：DCMI Type、信息资源分类表。

必备性：有则必备。

可重复性：可重复。

例 5.44：

<dcterms:type xsi:type="DCMI Type">Audio</dcterms:type>

*注："Audio"系 DCMI Type 中"音频"的标识。

5.5.14　标识符

标签：标识符。

名称：identifier。

定义：特定上下文中，给予资源一个明确的标识。

说明：标识正式的标识体系，如 ISRC、URI、DOI、加工编号等。

复用：dcterms:identifier。

出处：都柏林核心元数据术语集。

编码体系：ISRC、URI、DOI、加工编号等。

必备性：有则必备。

可重复性：可重复。

例 5.45：

<dcterms:identifier xsi:type="ISRC">CN-A64-21-00418</dcterms: identifier>

*注：被著录资源——乐曲作品《月光照在城堡废墟上》的 ISRC 编号。

5.5.15 来源

标签：来源。

名称：source。

定义：衍生出被描述资源的资源。

说明：部分或完整衍生出被描述资源的相关资源，一般指数字化资源的原始性来源的资源。建议标识该资源标识符。

复用：dcterms:source。

出处：都柏林核心元数据术语集。

编码体系：（数字化）来源资源的标识符。如 ISRC、URI、DOI、加工编号等。

必备性：有则必备。

可重复性：可重复。

例 5.46：

<dcterms:source xsi:type="recordID">001645575</dcterms:source>

*注：001645575 系被著录资源原始的资源记录标识号。

5.5.16 版本

标签：版本。

名称：edition。

定义：资源的版本信息。

复用：mods:edition。

出处：http://www.loc.gov/standards/mods/。

必备性：有则必备。

可重复性：可重复。

例 5.47：

<mods:edition>阿拉伯语言版本</mods:edition>

例 5.48：

<mods:edition>精华版</mods:edition>

5.5.17　馆藏信息

标签：馆藏信息。

名称：location。

定义：资源的馆藏信息。

复用：mods:location。

出处：http://www.loc.gov/standards/mods/。

必备性：有则必备。

可重复性：可重复。

例 5.49：

<mods:location>国家图书馆</mods:location>

*注：被著录资源馆藏于国家图书馆。

5.5.17.1　馆藏位置

标签：馆藏位置。

名称：physicalLocation。

定义：资源所在馆藏情况。

说明：标记资源实体馆藏、排架号等馆藏方位。

复用：mods:physicalLocation。

出处：http://www.loc.gov/standards/mods/。

必备性：有则必备。

可重复性：可重复。

例 5.50：

<mods:physicalLocation>国家图书馆 DX/502</mods:physicalLocation>

*注：被著录资源长期保存机构（国家图书馆）及其索取号（DX/502）。

5.5.17.2　在线阅读地址

标签：在线阅读地址。

名称：url。

定义：资源在收藏单位的在线阅览地址。

复用：mods:url。

出处：http://www.loc.gov/standards/mods/。

必备性：有则必备。

可重复性：可重复。

例 5.51：

<mods:url>http://open.nlc.cn/onlineedu/course/detail/show/course.htm?
courseid=4569</mods:url>

*注：被著录资源的在线阅读地址。

5.5.18　记录标识符

标签：记录标识符。

名称：recordIdentifier。

定义：创建、使用或分发描述的组织赋予的系统控制号。

复用：mods:recordIdentifier。

出处：http://www.loc.gov/standards/mods/。

必备性：必备。

可重复性：不可重复。

例 5.52：

<mods:recordIdentifier>85753651</mods:recordIdentifier>

*注：被著录资源所对应的对象数据记录标识号。

5.6 CNMARC 书目数据与数字视音频资源元数据映射规则

本书已经在前面"5.4 视音频资源术语集"和"5.5 视音频资源元数据制作与示例"两节中对视音频元数据的规则和各个元素项的定义、说明和使用要求进行了详细的说明。在图书馆的实际工作实践，再生性视音频资源数字化建设中，极有可能是已经存在建设好的对应原始状态的视音频资源的元数据。那么在这种情况下，就需要在完成数字化加工建设后，在原始已有的元数据基础上，进行数字化版本的视音频资源的元数据建设。为了便于各个图书馆的业务人员准确理解和开展元数据改造性建设，本书基于元数据互操作的原则，给出 CNMARC 与数字视音频资源元数据的映射规则与说明，以资为图书馆的业务人员提供工作依据和相关工作的启发及参考。

在日常工作中，笔者从事的多项再生性视频资源数字化加工建设，都是在传统视音频资源 CNMARC 元数据基础上，进行数字视音频资源元数据的建设。因此，采用元数据互操作中的元数据映射方法，结合《新版中国机读目录格式使用手册》[90]以及推广工程数字资源联合建设图书馆公开课加工及著录规则（2016、2017）中的细化规定[91]，与本书所述数字视音频资源元数据术语进行对照与映射，整理出视频资源元数据映射表以及音频资源元数据映射表。

5.6.1 CNMARC 书目数据与音频数字资源元数据映射

@a 符号用于描述子字段使用。如果没有该符号，则默认适用所有子字段。所有未列出字段与子字段可忽略。

5.6.2 CNMARC 书目数据与视频数字资源元数据映射

@a 符号用于描述子字段使用。如果没有该符号，则默认适用所有子字段。所有未列出字段与子字段可忽略。

表 5-2 音频元数据术语映射

CNMARC 书目数据字段		音频元数据术语		注释
字段	子字段	元素	编码体系	
头标	字符位第 6 位字符	dcterms:type（类型）	DCMI Type；ISBD 内容形式	元素值要标明资源类型对应的文字或值 URI，不能以头标的字符位第 6 位的字母标注
001	本字段未设子字段	mods:recordIdentifier（记录标识符）	记录标识号	—
016	@a 国际标准音像编码	dcterms:identifier（标识符）	ISRC	—
035	@a 系统控制号	dcterms:identifier（标识符）	其他系统标识号	035 标记的是除 001 字段以外的其他数据末源系统控制号，进行映射时，编码体系可以明确具体末源系统及机构信息
101	@a 声道语种	nloc:audioChannelLanguage（声道语种）	ISO 639-2	—
101	@j 字幕语种	nloc:subtitleLanguage（字幕语种）	ISO 639-2	—
102	@a 国别 @b 地区代码	dcterms:publisher（出版者）	GB2659 （ISO 3166）	出版者所在国别和地区代码可以进一步充实"出版者"元素内容，如有需要可以将"出版者"元素纵向扩展，增加"出版地"

CNMARC 书目数据字段		音频元数据术语		注释
字段	子字段	元素	编码体系	
135	@a 电子资源编码数据	dcterms:format（格式）	—	该子字段提供了电子编码形式的物理形态特征信息，不能直接映射，需要对@a不同字符位的代码值进行解析，由电子编码格式转换为文本形式
200	@a 正题名 @c 其他责任者的正题名 @h 分辑（册）号 @i 分辑（册）名	dcterms:title（名称）	—	—
200	@d 并列正题名 @e 其它题名信息	dcterms:alternative（其他名称）	—	—
200	@f 第一责任说明	dcterms:creator（创建者）	名称规范档	可以选取 200@f 责任说明进行直接映射，也可以选择 7**字段的@a、@c、@3，选择后者时，建议将"创建者"元素进一步纵向扩展
701，711，721	@a 名称 @c 名称附加 @3 规范记录号			
701，711，721	@4 责任方式	mods:role（责任方式）	—	—

CNMARC 书目数据字段		音频元数据术语		注释
字段	子字段	元素	编码体系	
200	@g 其他责任说明	dcterms:contributor（其他责任者）	名称规范档	可以选取 200@g 其他责任说明进行直接映射，也可以选取 7**字段的 @a、@c、@3，选择后者时，建议将"其他责任者"元素进一步纵向扩展
702, 712, 722, 730	@a 名称 @c 名称附加 @3 规范记录号			
702, 712, 722, 730	@4 责任方式	mods:role（责任方式）	—	—
210	@c 出版者 @g 制作者	dcterms:publisher（出版者）	—	—
210	@d 出版、发行时间	dcterms:published（开放日期）	W3C-DTF	—
210	@h 制作时间	dcterms:created（创建日期）	W3C-DTF	—
215	@a 小节数量（小节时长）	dcterms:extent（规格）	—	—
307	@a 载体形态附注	nloc:technique（技术细节）	—	—
310	@a 授权信息	dcterms:rights（权限）	—	—
314	@a 教师介绍信息	dcterms:creator（创建者）	—	教师介绍信息可以充实"创建者"元素内容，如有需要可以将"创建者"元素纵向扩展

CNMARC 书目数据字段		音频元数据术语		注释
字段	子字段	元素	编码体系	
324	@a 复制品原作附注	dcterms:source（来源）	—	—
327	@a 内容附注	dcterms:tableOfContents（目次）	—	如果内容附注是非结构式，@a 内容直接转为元素值内容。如果内容附注为结构式，则按照 @a 章节与 @b-@i 等子章节结构记入元素值内容
330	@a 课程简介	dcterms:abstract（摘要）	—	—
337	@a 系统需求	dcterms:format（格式）	—	—
4--	@t 题名 @0 记录标识号	dcterms:relation（关联）	—	—
606	@a 款目要素	dcterms:subject（主题）	中分表	—
606	@y 地理复分	dcterms:spatial（空间范围）	—	—
606	@z 年代复分	dcterms:temporal（时间范围）	—	—
690	@a 分类号	dcterms:subject（主题）	中图法	—
856	@u 发布的 URL 地址	mods:url（在线地址）	URL	—
856	@9 CDOI	dcterms:identifier（标识符）	CDOI	—

表 5-3 视频元数据术语映射

CNMARC 书目数据字段		视频元数据术语		注释
字段	子字段	元素	编码体系	
头标	字符位第 6 位字符	dcterms:type（类型）	DCMI Type；ISBD 内容形式	元素值要标明资源类型对应的文字或值 URI，不能以头标的字位第 6 位的字母标注
001	本字段未设子字段	mods:recordIdentifier（记录标识符）	记录标识号	—
016	@a 国际标准音像编码	dcterms:identifier（标识符）	ISRC	035 标记的是除 001 字段以外的其他数据来源系统控制号，进行映射时，编码体系可以将"出版者"元素纵向扩展，增加"出版地"
035	@a 系统控制号	dcterms:identifier（标识符）	其他系统标识号	035 标记的是除 001 字段以外的其他数据来源系统控制号，进行映射时，编码体系可以明确具体体系的来源系统及机构信息
101	@a 声道语种	nloc:audioChannelLanguage（声道语种）	ISO 639-2	—
102	@a 国别 @b 地区代码	dcterms:publisher（出版者）	GB2659（ISO 3166）	出版者所在国别和地区代码可以进一步充实"出版者"元素内容，如有需要可以将"出版者"元素纵向扩展，增加"出版地"
135	@a 电子资源编码数据	dcterms:format（格式）	—	该子字段提供了电子编码形式的物理形态特征信息，不能直接映射，需要对@a 不同字符位的代码值进行解析，由电子编码格式转换为文本形式

CNMARC 书目数据字段		视频元数据术语		注释
字段	子字段	元素	编码体系	
200	@a 正题名 @c 其他责任者的正题名 @h 分辑（册）号 @i 分辑（册）名	dcterms:title（名称）	—	—
200	@d 并列正题名 @e 其它题名信息	dcterms:alternative（其他名称）	—	—
200	@f 第一责任说明	dcterms:creator（创建者）	名称规范档	可以选取 200@f 责任说明进行直接映射，也可以选择更加结构化的 7**字段的@a、@c、@3，选择后者时，建议将"创建者"元素进一步纵向扩展
701，711，721	@a 名称 @c 名称附加 @3 规范记录号			
701，711，721	@4 责任方式	mods:role（责任方式）	—	—
200	@g 其他责任说明	dcterms:contributor（其他责任者）	名称规范档	可以选取 200@g 其他责任说明进行直接映射，也可以选择更加结构化的 7**字段的@a、@c、@3，选择后者时，建议将"其他责任者"元素进一步纵向扩展
702，712，722，730	@a 名称 @c 名称附加 @3 规范记录号			

137

CNMARC 书目数据字段		视频元数据术语		注释
字段	子字段	元素	编码体系	
702、712、722、730	@4 责任方式	mods:role（责任方式）	—	—
210	@c 出版者 @g 制作者	dcterms:publisher（出版者）	—	—
210	@d 出版、发行时间	dcterms:published（开放日期）	W3C-DTF	—
210	@h 制作时间	dcterms:created（创建日期）	W3C-DTF	—
215	@a 数量（时长）	dcterms:extent（规格）	—	—
307	@a 载体形态附注	nloc:technique（技术细节）	—	—
324	@a 复制品原作附注	dcterms:source（来源）	—	—
327	@a 内容附注	dcterms:tableOfContents（目次）	—	如果内容附注是非结构式，@a 内容直接转为元素值内容。如果内容附注为结构式，则按照 @a 章节与 @b-@i 等子章节结构记入元素值内容
330	@a 提要或文摘附注	dcterms:abstract（摘要）	—	—
337	@a 系统需求附注	dcterms:format（格式）	—	—

CNMARC 书目数据字段		视频元数据术语		注释
字段	子字段	元素	编码体系	
4--	@t 题名	dcterms:relation（关联）	—	—
	@0 记录标识号			
606	@a 款目要素	dcterms:subject（主题）	中分表	—
606	@y 地理复分	dcterms:spatial（空间范围）	—	—
606	@z 年代复分	dcterms:temporal（时间范围）	—	—
690	@a 分类号	dcterms:subject（主题）	中图法	—
856	@u 发布的 URL 地址	mods:url（在线地址）	URL	—
856	@9 CDOI	dcterms:identifier（标识符）	CDOI	—

6

视音频资源元数据制作及示例

前面一章已经详细地对数字视音频资源元数据著录规则以及每一个元数据元素做了解释、说明和示例，相信可以为图书馆的业务人员提供参考和指导的作用。在图书馆的实际工作实践中，要准确有效地实施数字视音频资源的元数据著录工作，业务人员需要首先分析待著录资源的数字特征、内容特点以及是否有要揭示的特殊信息，其次根据著录规则在遵照开放性、扩展性和一致性的原则下实施编目工作。

为了在图书馆的实际工作实践中，给业务人员、学习人员提供一个清晰的、可参考的实践案例，本书选择对数字视频资源、数字音频资源分别进行完整元数据著录，并且给出了以"表格形式"表达的元数据以及其对应的以"XML 格式"表达的元数据。

6.1 数字视频资源元数据著录

本书选择了一部讲座视频作为样例数据，详细讲解如何采用本书所述的"数字视频资源元数据规范"对讲座视频资源实施元数据著录。

6.1.1 讲座视频情况介绍

本书选择了国图公开课的一门课程"国之重器：青铜器的收藏与鉴赏"作为视频资源的样例数据，该课程已经在"国图公开课"平台上对用户提供在线视频播放服务[92]。

该课程共包含两小节，每小节均为 20 分钟的讲座，是由国家图书馆组织建设的，由齐吉祥老师主讲。根据本书所述数字视频资源元数据规则，要对这个系列讲座视频制作"集合层""个体层"以及"分析层"三个层级的元数据。

6.1.2 讲座视频集合层元数据

所谓视频集合层元数据，即是"国之重器：青铜器的收藏与鉴赏"这个系列讲座的整体性信息的著录。本书将根据该讲座的实际信息进行著录，并给出两个版本格式的集合层元数据：表格版本(如表 6-1 所示)以及 XML 版本。

表 6-1 视频集合层元数据

属性	标签	编码体系	实例
dcterms:title	名称	—	国之重器：青铜器的收藏与鉴赏
dcterms:alternative	其他名称		
dcterms:creator	创建者	名称规范档	齐吉祥（900402）
mods:role	责任方式	—	主讲
dcterms:contributor	其他责任者	名称规范档	
mods:role	责任方式	—	
dcterms:publisher	出版者		国家图书馆
dcterms:subject	主题	中分表	K876.414
dcterms:subject	主题	中图法	青铜器（考古）—收藏—中国—鉴赏
dcterms:subject	主题	公开课课程分类	考古学
dcterms:subject	主题	—	青铜器；礼器；鉴赏；传统文化
dcterms:description	描述	—	

属性	标签	编码体系	实例
dcterms:abstract	摘要	—	中国青铜器的发展经历了滥觞期、鼎盛期、转变期、更新期和衰落期五个时期。青铜器是中国最具有文化格式、文化传统的艺术品，收藏青铜器必须要了解青铜器的时代发展特征，才能更好了解其价值。本期讲座中，齐老师将结合每个时期的相关出土文物，详细介绍青铜器每个时期的发展阶段、纹饰特点和器物特点等，清晰梳理中国青铜器的历史轨迹
dcterms:tableOfContents	目次	—	国之重器：青铜器的收藏与鉴赏（一）国之重器：青铜器的收藏与鉴赏（二）
dcterms:date	日期	—	—
dcterms:created	创建日期	W3C-DTF	2021
dcterms:published	开放日期	W3C-DTF	2021
dcterms:dateCopyrighted	版权日期	—	—
dcterms:language	语种	—	—
nloc:audioChannelLanguage	声道语种	ISO 639-2	chi
nloc:subtitleLanguage	字幕语种	ISO 639-2	chi
dcterms:rights	权限	—	—
dcterms:rightsHolder	版权所有者	—	国家图书馆
dcterms:accessRights	访问权限	—	互联网公开访问
dcterms:coverage	时空范围	—	—
dcterms:temporal	时间范围	—	—
dcterms:spatial	空间范围	GB/T 2659—2000	CN

属性	标签	编码体系	实例
dcterms:relation	关联	—	—
dcterms:isVersionOf	原版本	—	—
dcterms:format	格式	—	MP4
dcterms:medium	物理媒介	—	—
dcterms:extent	规格	W3C-DTF	00:50:00
dcterms:extent	规格	—	1.25 GB
nloc:technique	技术细节	—	分辨率：1920×1080；视频编码格式：MPEG-2；视频码率：20 000 kb/s；音频编码格式：MPEG-1 Layer2；音频码率：384 kb/s；音频采样率：48 kHz
dcterms:type	类型	DCMI Type	MovingImage
dcterms:type	类型	信息资源分类表	视频资料
dcterms:identifier	标识符	对象数据标识符	20210000MOOC0093
dcterms:source	来源	—	—
mods:edition	版本	—	—
mods:location	馆藏信息	—	国家图书馆
mods:physicalLocation	馆藏位置	—	—
mods:url	在线地址	URL	http://open.nlc.cn/onlineedu/course/detail/show/course.htm?courseid=5307
mods:recordIdentifier	记录标识符	记录标识符	000016020210000001

注：1. "标识符（dcterms:identifier）"为该讲座视频所对应的视频对象数据的标识号，该元素较为重要，准确标识可以让视频的元数据与视频对象数据准确连接。

2. "目次（dcterms:tableOfContents）"将该视频集合层所包含的所有"个体层"视频资源均准确完整地著录出来。

该视频集合层 XML 格式的著录内容，如下所示：

```xml
<?xml version="1.0"?>
<metadata
    xmlns:xsi="http://www.w3.org/2001/XMLSchema-instance"
    xmlns:dcterms="http://purl.org/dc/terms/"
    xmlns:mods="http://www.loc.gov/standards/mods/">
<record>
 <dcterms:title>
    国之重器：青铜器的收藏与鉴赏
 </dcterms:title>
 <dcterms:creator>
    齐吉祥（900402）
 </dcterms:creator>
 <mods:role>
    主讲
 </mods:role>
 <dcterms:publisher>
    国家图书馆
 </dcterms:publisher>
 <dcterms:subject xsi:type="CLC">
    K876.414
 </dcterms:subject>
 <dcterms:subject xsi:type="CCT">
    青铜器(考古)--收藏--中国--鉴赏
 </dcterms:subject>
 <dcterms:subject xsi:type="KCC">
    公开课课程分类
```

```
</dcterms:subject>
<dcterms:subject>
  青铜器;礼器;鉴赏;传统文化
</dcterms:subject>
<dcterms:abstract>
```
中国青铜器的发展经历了滥觞期、鼎盛期、转变期、更新期和衰落期五个时期。青铜器是中国最具有文化格式、文化传统的艺术品，收藏青铜器必须要了解青铜器的时代发展特征，才能更好了解其价值。本期讲座中，齐老师将结合每个时期的相关出土文物，详细介绍青铜器每个时期的发展阶段、纹饰特点和器物特点等，清晰梳理中国青铜器的历史轨迹。
```
</dcterms:abstract>
<dcterms:tableOfContents>
```
（一）青铜器的发展、时代特征和两大青铜重器;（二）青铜器的转变期、更新期及衰落期
```
</dcterms:tableOfContents>
<dcterms:created xsi:type="W3CDTF">
  2021
</dcterms:created>
<dcterms:published xsi:type="W3CDTF">
  2021
</dcterms:published>
<nloc:audioChannelLanguage xsi:type="ISO639-2">
  chi
</nloc:audioChannelLanguage>
<nloc:subtitleLanguage xsi:type="ISO639-2">
  chi
</nloc:subtitleLanguage>
```

```
<dcterms:rightsHolder>
国家图书馆
</dcterms:rightsHolder>
<dcterms:accessRights>
互联网公开访问
</dcterms:accessRights>
<dcterms:spatial xsi:type="GB/T 2659-2000">
CN
</dcterms:spatial>
<dcterms:format>
MP4
</dcterms:format>
<dcterms:extent xsi:type="W3CDTF">
00:50:00
</dcterms:extent>
<dcterms:extent>
1.25G
</dcterms:extent>
<nloc:technique>
分辨率：1920*1080；视频编码格式：MPEG-2；视频码率：20000Kbps；音频
编码格式：MPEG-1 Layer2；音频码率：384Kbps；音频采样率：48kHz
</nloc:technique>
<dcterms:type xsi:type="DCMIType">
MovingImage
</dcterms:type>
<dcterms:type xsi:type="IRType">
视频资料
```

```
</dcterms:type>
<dcterms:identifier xsi:type="ID">
  20210000MOOC0093
</dcterms:identifier>
<mods:location>
  国家图书馆
</mods:location>
<mods:url xsi:type="URL">
  http://open.nlc.cn/onlineedu/course/detail/show/course.htm?courseid=5307
</mods:url>
<mods:recordIdentifier>
  000016020210000001
</mods:recordIdentifier>
</record>
</metadata>
```

6.1.3　讲座视频个体层元数据

"国之重器：青铜器的收藏与鉴赏"这个系列讲座包含两小节讲座，每一小节讲座，均有独立标识，可以单独提供视频在线服务，因此可以针对每一小节视频制作个体层视频元数据。与集合层视频元数据相类似，本书也给出两个版本格式的个体层元数据：表格版本（如表 6-2 所示）以及 XML 版本。

表 6-2　视频个体层元数据

属性	标签	编码体系	实例
dcterms:title	名称	—	青铜器的发展、时代特征和两大青铜重器
dcterms:alternative	其他名称	—	—

属性	标签	编码体系	实例
dcterms:creator	创建者	名称规范档	齐吉祥（900402）
mods:role	责任方式	—	主讲
dcterms:contributor	其他责任者	名称规范档	—
mods:role	责任方式	—	—
dcterms:publisher	出版者	—	国家图书馆
dcterms:subject	主题	中分表	G262.5
dcterms:subject	主题	中图法	青铜器（考古）—收藏—中国
dcterms:description	描述	—	—
dcterms:abstract	摘要	—	中国青铜器的发展经历了滥觞期、鼎盛期、转变期、更新期和衰落期五个时期。青铜器是中国最具有文化格式、文化传统的艺术品，收藏青铜器必须要了解青铜器的时代发展特征，才能更好了解其价值。本节讲座中，齐老师重点介绍了司母戊鼎的出土和铸造工艺、商代墓葬铜器以及四羊方尊
dcterms:tableOfContents	目次	—	—
dcterms:date	日期	—	—
dcterms:created	创建日期	W3C-DTF	2021
dcterms:published	开放日期	W3C-DTF	2021
dcterms:dateCopyrighted	版权日期	—	—
dcterms:language	语种	—	—
nloc:audioChannelLanguage	声道语种	ISO 639-2	chi
nloc:subtitleLanguage	字幕语种	ISO 639-2	chi
dcterms:rights	权限	—	—
dcterms:rightsHolder	版权所有者	—	国家图书馆
dcterms:accessRights	访问权限	—	互联网公开访问

属性	标签	编码体系	实例
dcterms:coverage	时空范围	—	—
dcterms:temporal	时间范围	—	—
dcterms:spatial	空间范围	GB/T 2659—2000	CN
dcterms:relation	关联	—	—
dcterms:isPartOf	包含于	记录标识符	000016020210000001
dcterms:isVersionOf	原版本	—	—
dcterms:format	格式	—	MP4
dcterms:medium	物理媒介	—	—
dcterms:extent	规格	W3C-DTF	00:25:00
dcterms:extent	规格	—	654 MB
dcterms:type	类型	DCMI Type	MovingImage
dcterms:type	类型	信息资源分类表	视频资料
dcterms:identifier	标识符	对象数据标识符	2016401010045V_01
dcterms:source	来源	—	—
mods:edition	版本	—	—
mods:location	馆藏信息	—	国家图书馆
mods:physicalLocation	馆藏位置	—	—
mods:url	在线地址	URL	http://open.nlc.cn/onlineedu/course/play.htm?id=13687
mods:recordIdentifier	记录标识符	记录标识符	000020020210000001

注：1. "包含于（dcterms:isPartOf）"元素特别说明该个体层所对应的集合层元数据的记录标识符（000016020210000001）。

2. "标识符（dcterms:identifier）"为该个体层讲座视频所对应的视频对象数据的标识号，该元素较为重要，准确标识可以让该个体层视频的元数据与视频对象数据准确连接，进而保证个体层视频资源作为独立的个体存在。

该视频个体层 XML 格式的著录内容，如下所示：

```xml
<?xml version="1.0"?>
<metadata
    xmlns:xsi="http://www.w3.org/2001/XMLSchema-instance"
    xmlns:dcterms="http://purl.org/dc/terms/"
    xmlns:mods="http://www.loc.gov/standards/mods/">
<record>
<dcterms:title>
    青铜器的发展、时代特征和两大青铜重器
</dcterms:title>
<dcterms:creator>
    齐吉祥（900402）
</dcterms:creator>
<mods:role>
    主讲
</mods:role>
<dcterms:publisher>
    国家图书馆
</dcterms:publisher>
<dcterms:subject xsi:type="CLC">
    G262.5
</dcterms:subject>
<dcterms:subject xsi:type="CCT">
    青铜器(考古)--收藏--中国
</dcterms:subject>
<dcterms:abstract>
中国青铜器的发展经历了滥觞期、鼎盛期、转变期、更新期和衰落期五个时期。
```

青铜器是中国最具有文化格式、文化传统的艺术品，收藏青铜器必须要了解青铜器的时代发展特征，才能更好了解其价值。本节讲座中，齐老师重点介绍了司母戊鼎的出土和铸造工艺、商代墓葬铜器以及四羊方尊。

```
</dcterms:abstract>
 <dcterms:created xsi:type="W3CDTF">
 2021
</dcterms:created>
 <dcterms:published xsi:type="W3CDTF">
 2021
</dcterms:published>
<nloc:audioChannelLanguage xsi:type="ISO639-2">
 chi
</nloc:audioChannelLanguage>
<nloc:subtitleLanguage xsi:type="ISO639-2">
 chi
</nloc:subtitleLanguage>
<dcterms:rightsHolder>
 国家图书馆
</dcterms:rightsHolder>
<dcterms:accessRights>
 互联网公开访问
</dcterms:accessRights>
<dcterms:spatial xsi:type="GB/T 2659-2000">
 CN
</dcterms:spatial>
 <dcterms:isPartOf xsi:type="recordIdentifier">
 000016020210000001
```

```xml
</dcterms:isPartOf>
<dcterms:format>
  MP4
</dcterms:format>
<dcterms:extent xsi:type="W3CDTF">
  00:25:00
</dcterms:extent>
<dcterms:extent>
  654MB
</dcterms:extent>
<dcterms:type xsi:type="DCMIType">
  MovingImage
</dcterms:type>
<dcterms:type xsi:type="IRType">
  视频资料
</dcterms:type>
<dcterms:identifier xsi:type="ID">
  2016401010045V_01
</dcterms:identifier>
<mods:location>
  国家图书馆
</mods:location>
<mods:url xsi:type="URL">
  http://open.nlc.cn/onlineedu/course/play.htm?id=13687
</mods:url>
<mods:recordIdentifier>
  000020020210000001
```

```
  </mods:recordIdentifier>
</record>
</metadata>
```

6.1.4　讲座视频分析层元数据

在视频个体层中，还可以根据视频的内容及主旨，分析出一些本视频较为重要的视频片段，称为分析层视频。如示例个体层"青铜器的发展、时代特征和两大青铜重器"视频内容中可以分析出一个"国之重器——司母戊鼎"片段，则该片段可以制作视频分析层元数据。与集合层视频元数据相类似，本书也给出两个版本格式的分析层元数据：表格版本（如表 6-3 所示）以及XML 版本。

表 6-3　视频分析层元数据

属性	标签	编码体系	实例
dcterms:title	名称	—	国之重器——司母戊鼎
dcterms:alternative	其他名称	—	—
dcterms:creator	创建者	名称规范档	齐吉祥（900402）
mods:role	责任方式	—	主讲
dcterms:contributor	其他责任者	名称规范档	—
mods:role	责任方式	—	—
dcterms:subject	主题	中分表	K876.41
dcterms:subject	主题	中图法	青铜器（考古）—鉴赏—中国
dcterms:description	描述	—	—
dcterms:abstract	摘要	—	介绍司母戊鼎的命名由来、出土过程以及其复杂的铸造工艺，充分体现了古人的智慧
dcterms:language	语种	—	—
nloc:audioChannelLanguage	声道语种	ISO 639-2	chi
nloc:subtitleLanguage	字幕语种	ISO 639-2	chi
dcterms:coverage	时空范围	—	—

属性	标签	编码体系	实例
dcterms:temporal	时间范围	—	—
dcterms:spatial	空间范围	GB/T 2659—2000	CN
dcterms:relation	关联	—	—
dcterms:isPartOf	包含于	记录标识符	000020020210000001
dcterms:extent	规格	W3C-DTF	00:10:57/00:19:09
dcterms:extent	规格	—	12 MB
dcterms:type	类型	DCMI Type	MovingImage
dcterms:type	类型	信息资源分类表	视频资料
dcterms:identifier	标识符	对象数据标识符	2016401010045V_11
dcterms:source	来源	—	—
mods:location	馆藏信息	—	国家图书馆
mods:physicalLocation	馆藏位置	—	—
mods:url	在线地址	URL	—
mods:recordIdentifier	记录标识符	记录标识符	000037020210000002

注："包含于（dcterms:isPartOf）"元素说明该分析层视频所对应的集合层元
数据的记录标识符（000020020210000001），即该分析层视频"国之重
器—司母戊鼎"是从讲座视频"国之重器：青铜器的收藏与鉴赏"中分
析出的一个视频。

该视频分析层 XML 格式的著录内容，如下所示：

```
<?xml version="1.0"?>
<metadata
  xmlns:xsi="http://www.w3.org/2001/XMLSchema-instance"
  xmlns:dcterms="http://purl.org/dc/terms/"
  xmlns:mods="http://www.loc.gov/standards/mods/">
<record>
 <dcterms:title>
 国之重器—司母戊鼎
```

154

```
</dcterms:title>
<dcterms:creator>
  齐吉祥（900402）
</dcterms:creator>
<mods:role>
  主讲
</mods:role>
<dcterms:subject xsi:type="CLC">
  K876.41
</dcterms:subject>
<dcterms:subject xsi:type="CCT">
  青铜器(考古)--鉴赏--中国
</dcterms:subject>
<dcterms:abstract>
介绍司母戊鼎的命名由来、出土过程以及其复杂的铸造工艺，充分体现了古
人的智慧。
</dcterms:abstract>
<nloc:audioChannelLanguage xsi:type="ISO639-2">
  chi
</nloc:audioChannelLanguage>
<nloc:subtitleLanguage xsi:type="ISO639-2">
  chi
</nloc:subtitleLanguage>
<dcterms:spatial xsi:type="GB/T 2659-2000">
  CN
</dcterms:spatial>
<dcterms:isPartOf xsi:type="recordIdentifier">
```

```
000020020210000001

</dcterms:isPartOf>

<dcterms:extent xsi:type="W3CDTF">

00:10:57/00:19:09

</dcterms:extent>

<dcterms:extent>

12MB

</dcterms:extent>

<dcterms:type xsi:type="DCMIType">

MovingImage

</dcterms:type>

<dcterms:type xsi:type="IRType">

视频资料

</dcterms:type>

<dcterms:identifier xsi:type="ID">

2016401010045V_11

</dcterms:identifier>

<mods:location>

国家图书馆

</mods:location>

<mods:recordIdentifier>

0000370202100000002

</mods:recordIdentifier>

</record>

</metadata>
```

6.2 数字音频资源元数据著录

本书选择了一部听书资源作为音频资源样例数据，详细讲解如何采用本书所述的"数字音频资源元数据规范"对音频资源实施元数据著录。

6.2.1 音频资源情况介绍

本书选择了移动阅读平台上提供在线服务的听书资源《三国演义》作为音频资源的样例数据，该听书音频资源已经在"国家图书馆移动阅读平台"上面向所有用户提供在线听书的音频服务。

该音频资源包共 120 集，每集为 25～30 分钟的音频，是由国家图书馆组织建设的。根据本书所述数字音频资源元数据规则，可以将这个系列听书音频资源制作"集合层""个体层"以及"分析层"三个层级的元数据。

6.2.2 音频集合层元数据

所谓音频集合层元数据，即是《三国演义》这个系列听书音频资源的整体性信息的著录。本书将此音频系列的详细信息作为音频集合层实施元数据著录：表格版本（如表 6-4 所示）以及 XML 版本。

表 6-4　音频集合层元数据

属性	标签	编码体系	实例
dcterms:title	名称	—	三国演义
dcterms:alternative	其他名称	—	
dcterms:creator	创建者	名称规范档	罗贯中（000085242）
mods:role	责任方式	—	著
dcterms:contributor	其他责任者	—	白云初秀
mods:role	责任方式	—	演播
dcterms:contributor	其他责任者	—	蓝色百合
mods:role	责任方式	—	演播

属性	标签	编码体系	实例
dcterms:publisher	出版者	—	—
dcterms:subject	主题	中分表	I242.4
dcterms:subject	主题	中图法	章回小说—中国—明代
dcterms:description	描述	—	—
dcterms:abstract	摘要	—	作者通过集中描绘三国时代各封建统治集团之间的政治、军事、外交斗争，揭示了东汉末年社会的动荡和黑暗，谴责了封建统治者的暴虐，反映了民众的苦难和他们呼唤明君、呼唤安定的强烈愿望
dcterms:language	语种	—	—
nloc:audioChannelLanguage	声道语种	ISO 639-2	chi
dcterms:rights	权限	—	—
dcterms:rightsHolder	版权所有者	—	国家图书馆
dcterms:accessRights	访问权限	—	互联网公开访问
dcterms:coverage	时空范围	—	—
dcterms:temporal	时间范围	—	三国（220 年—280 年）
dcterms:spatial	空间范围	GB/T 2659—2000	CN
dcterms:format	格式	—	wav
dcterms:type	类型	DCMI Type	Sound
dcterms:type	类型	信息资源分类表	音频资料
dcterms:identifier	标识符	对象数据标识符	202100000093
mods:location	馆藏信息	—	国家图书馆
mods:physicalLocation	馆藏位置	—	—

属性	标签	编码体系	实例
mods:url	在线地址	URL	http://nlc.m.ndlib.cn/03/html/detailListen.html?resType=1&resourceId=480716&isShare=1
mods:recordIdentifier	记录标识符	记录标识符	00480716

注："其他责任者（dcterms:contributor）"表示对本资源做出贡献的责任实体，对于本听书音频资源，即为该听书资源的"演播者"。此外，因为该《三国演义》听书由多个演播者共同进行创作，故在元数据中要将"其他责任者（dcterms:contributor）"重复著录。

该音频集合层 XML 格式的著录内容，如下所示：

```xml
<?xml version="1.0"?>
<metadata
  xmlns:xsi="http://www.w3.org/2001/XMLSchema-instance"
  xmlns:dcterms="http://purl.org/dc/terms/"
  xmlns:mods="http://www.loc.gov/standards/mods/">
<record>
 <dcterms:title>
  三国演义
</dcterms:title>
<dcterms:creator>
  罗贯中（000085242）
</dcterms:creator>
<mods:role>
  著
</mods:role>
<dcterms:contributor>
```

白云初秀

</dcterms:contributor>

<mods:role>

演播

</mods:role>

<dcterms:contributor>

蓝色百合

</dcterms:contributor>

<mods:role>

演播

</mods:role>

<dcterms:subject xsi:type="CLC">

I242.4

</dcterms:subject>

<dcterms:subject xsi:type="CCT">

章回小说--中国--明代

</dcterms:subject>

<dcterms:abstract>

作者通过集中描绘三国时代各封建统治集团之间的政治、军事、外交斗争，揭示了东汉末年社会的动荡和黑暗，谴责了封建统治者的暴虐，反映了民众的苦难和他们呼唤明君、呼唤安定的强烈愿望。

</dcterms:abstract>

<nloc:audioChannelLanguage xsi:type="ISO639-2">

chi

</nloc:audioChannelLanguage>

<dcterms:rightsHolder>

国家图书馆

```
</dcterms:rightsHolder>
<dcterms:accessRights>
  互联网公开访问
</dcterms:accessRights>
<dcterms:temporal>
  三国（220 年—280 年）
</dcterms:temporal>
<dcterms:spatial xsi:type="GB/T 2659-2000">
  CN
</dcterms:spatial>
<dcterms:format>
  wav
</dcterms:format>
<dcterms:type xsi:type="DCMIType">
  Sound
</dcterms:type>
<dcterms:type xsi:type="IRType">
  音频资料
</dcterms:type>
<dcterms:identifier xsi:type="ID">
  202100000093
</dcterms:identifier>
<mods:location>
  国家图书馆
</mods:location>
<mods:url xsi:type="URL">
  http://nlc.m.ndlib.cn/03/html/detailListen.html?resType=1&resourceId=480716&isS
```

```
hare=1

 </mods:url>

 <mods:recordIdentifier>

 00480716

 </mods:recordIdentifier>

</record>

</metadata>
```

6.2.3 音频个体层元数据

《三国演义》这个系列听书音频资源包含 120 集，每一集音频均有独立的标识，对应单独的音频资源文件，并且也相应地提供音频在线服务。因此在制作音频元数据时，是可以针对每一集音频单独制作个体层音频元数据。与集合层音频元数据相类似，本书也给出两个版本格式的个体层元数据：表格版本（如表 6-5 所示）以及 XML 版本。

表 6-5 音频个体层元数据

属性	标签	编码体系	实例
dcterms:title	名称	—	宴桃园豪杰三结义 斩黄巾英雄首立功
dcterms:alternative	其他名称	—	—
dcterms:creator	创建者	名称规范档	罗贯中（000085242）
mods:role	责任方式	—	著
dcterms:contributor	其他责任者	—	白云初秀
mods:role	责任方式	—	演播
dcterms:contributor	其他责任者	—	蓝色百合
mods:role	责任方式	—	演播
dcterms:subject	主题	中分表	I242.4
dcterms:subject	主题	中图法	章回小说—中国—明代
dcterms:description	描述	—	—

属性	标签	编码体系	实例
dcterms:abstract	摘要	—	汉朝末年，张角兄弟发动叛乱，刘备、关羽、张飞三人桃园结义，踏上了保国安邦的道路
dcterms:language	语种	—	—
nloc:audioChannelLanguage	声道语种	ISO 639-2	chi
dcterms:rights	权限	—	—
dcterms:rightsHolder	版权所有者	—	国家图书馆
dcterms:accessRights	访问权限	—	互联网公开访问
dcterms:coverage	时空范围	—	—
dcterms:spatial	空间范围	GB/T 2659—2000	CN
dcterms:relation	关联	—	—
dcterms:isPartOf	包含于	记录标识符	00480716
dcterms:format	格式	—	wav
dcterms:type	类型	DCMI Type	Sound
dcterms:type	类型	信息资源分类表	音频资料
dcterms:identifier	标识符	对象数据标识符	202100000093_001
mods:location	馆藏信息	—	国家图书馆
mods:physicalLocation	馆藏位置	—	—
mods:url	在线地址	URL	http://nlc.m.ndlib.cn/03/html/detailListen.html?resType=1&resourceId=480716001
mods:recordIdentifier	记录标识符	记录标识符	00480716001

注："包含于（dcterms:isPartOf）"元素特别说明该个体层所对应的集合层元数据的记录标识符（00480716），进而将音频资源系列与该系列中每一个个体之间的关联关系清晰地表达出来。

该音频个体层 XML 格式的著录内容，如下所示：

```
<?xml version="1.0"?>
<metadata
    xmlns:xsi="http://www.w3.org/2001/XMLSchema-instance"
    xmlns:dcterms="http://purl.org/dc/terms/"
    xmlns:mods="http://www.loc.gov/standards/mods/">
<record>
 <dcterms:title>
  宴桃园豪杰三结义斩黄巾英雄首立功
 </dcterms:title>
 <dcterms:creator>
  罗贯中（000085242）
 </dcterms:creator>
 <mods:role>
  著
 </mods:role>
 <dcterms:contributor>
  白云初秀
 </dcterms:contributor>
 <mods:role>
  演播
 </mods:role>
 <dcterms:contributor>
  蓝色百合
 </dcterms:contributor>
 <mods:role>
  演播
 </mods:role>
```

```
<dcterms:subject xsi:type="CLC">

  I242.4

</dcterms:subject>

<dcterms:subject xsi:type="CCT">

  章回小说--中国--明代

</dcterms:subject>

  <dcterms:abstract>

汉朝末年，张角兄弟发动叛乱，刘备、关羽、张飞三人桃园结义，踏上了保

国安邦的道路。

  </dcterms:abstract>

<nloc:audioChannelLanguage xsi:type="ISO639-2">

  chi

</nloc:audioChannelLanguage>

<dcterms:rightsHolder>

  国家图书馆

</dcterms:rightsHolder>

<dcterms:accessRights>

  互联网公开访问

</dcterms:accessRights>

<dcterms:spatial xsi:type="GB/T 2659-2000">

  CN

</dcterms:spatial>

  <dcterms:isPartOf xsi:type="recordIdentifier">

  00480716

</dcterms:isPartOf>

  <dcterms:format>

  wav
```

```
</dcterms:format>

<dcterms:type xsi:type="DCMIType">

Sound

</dcterms:type>

<dcterms:type xsi:type="IRType">

音频资料

</dcterms:type>

<dcterms:identifier xsi:type="ID">

202100000093_001

</dcterms:identifier>

<mods:location>

国家图书馆

</mods:location>

<mods:url xsi:type="URL">

http://nlc.m.ndlib.cn/03/html/detailListen.html?resType=1&resourceId=480716001

</mods:url>

<mods:recordIdentifier>

480716001

</mods:recordIdentifier>

</record>

</metadata>
```

6.2.4 音频分析层元数据

与成系列的视频资源相类似，在系列音频资源中，也是可以根据个体层音频资源的内容及该主旨，分析出一些对该个体层音频内容具有较为重要的音频片段，形成分析层音频。如示例个体层"宴桃园豪杰三结义 斩黄巾英雄首立功"音频内容中可以分析出一个"三人焚香再拜而说誓"片段，则该片

166

段可制作独立的音频分析层元数据。与集合层音频元数据相类似，本书也给出两个版本格式的分析层元数据：表格版本(如表6-6所示)以及 XML 版本。

表 6-6　音频分析层元数据

属性	标签	编码体系	实例
dcterms:title	名称	—	三人焚香再拜而说誓
dcterms:alternative	其他名称	—	—
dcterms:creator	创建者	名称规范档	罗贯中（000085242）
mods:role	责任方式		著
dcterms:contributor	其他责任者	—	白云初秀
mods:role	责任方式		演播
dcterms:contributor	其他责任者	—	蓝色百合
mods:role	责任方式		演播
dcterms:subject	主题	中分表	I242.4
dcterms:subject	主题	中图法	章回小说—中国—明代
dcterms:description	描述	—	—
dcterms:abstract	摘要	—	刘备、关羽、张飞三人桃园结义
dcterms:language	语种	—	—
nloc:audioChannelLanguage	声道语种	ISO 639-2	chi
dcterms:coverage	时空范围	—	—
dcterms:temporal	时间范围	—	—
dcterms:spatial	空间范围	GB/T 2659—2000	CN
dcterms:relation	关联	—	—
dcterms:isPartOf	包含于	记录标识符	00480716001
dcterms:type	类型	DCMI Type	Sound
dcterms:type	类型	信息资源分类表	音频资料
dcterms:identifier	标识符	对象数据标识符	202100000093_001S01
mods:location	馆藏信息	—	国家图书馆
mods:physicalLocation	馆藏位置	—	—

属性	标签	编码体系	实例
mods:url	在线地址	URL	—
mods:recordIdentifier	记录标识符	记录标识符	00480716001S01

注："包含于（dcterms:isPartOf）"元素说明该分析层音频所对应的集合层元
数据的记录标识符（00480716001），即该分析层音频"三人焚香再拜而
说誓"是从听书音频"宴桃园豪杰三结义 斩黄巾英雄首立功"中分析
出的一个音频。

该音频分析层 XML 格式的著录内容，如下所示：

```xml
<?xml version="1.0"?>
<metadata
  xmlns:xsi="http://www.w3.org/2001/XMLSchema-instance"
  xmlns:dcterms="http://purl.org/dc/terms/"
  xmlns:mods="http://www.loc.gov/standards/mods/">
<record>
<dcterms:title>
  三人焚香再拜而说誓
</dcterms:title>
<dcterms:creator>
  罗贯中（000085242）
</dcterms:creator>
<mods:role>
  著
</mods:role>
<dcterms:contributor>
  白云初秀
</dcterms:contributor>
<mods:role>
```

演播

</mods:role>

<dcterms:contributor>

蓝色百合

</dcterms:contributor>

<mods:role>

演播

</mods:role>

<dcterms:subject xsi:type="CLC">

I242.4

</dcterms:subject>

<dcterms:subject xsi:type="CCT">

章回小说--中国--明代

</dcterms:subject>

<dcterms:abstract>

刘备、关羽、张飞三人桃园结义。

</dcterms:abstract>

<nloc:audioChannelLanguage xsi:type="ISO639-2">

chi

</nloc:audioChannelLanguage>

<dcterms:spatial xsi:type="GB/T 2659-2000">

CN

</dcterms:spatial>

<dcterms:isPartOf xsi:type="recordIdentifier">

00480716001

</dcterms:isPartOf>

<dcterms:type xsi:type="DCMIType">

```
 Sound
</dcterms:type>
<dcterms:type xsi:type="IRType">
 音频资料
</dcterms:type>
<dcterms:identifier xsi:type="ID">
 202100000093_001S01
</dcterms:identifier>
<mods:location>
 国家图书馆
</mods:location>
<mods:recordIdentifier>
00480716001S01
</mods:recordIdentifier>
</record>
</metadata>
```

视音频资源元数据管理系统

随着互联网技术及应用的发展、5G 技术的普及，社会公众和用户越来越多地喜欢和接受各种形式的视音频资源。为公众提供公共文化服务的图书馆，也应该适应大众和社会的需求，将数字资源建设的类型涵盖馆藏的各类视音频类资源，不仅要制作能反映馆藏珍品文献、孤本文献等内容的原生性视音频资源以及再生性视音频资源，更要准确地对这些视音频资源进行元数据编目。

在图书馆的实践工作中，元数据著录是一个专业性工作，支持该项工作的工具是必不可少的。鉴于在实际工作中，图书馆会有多个业务部门参与到数字化加工生产视音频资源，并且在数字化加工过程中需要进行视音频资源元数据的著录和管理，为了提升视音频资源元数据的著录质量、规范操作流程、简化操作难度、方便后期编辑管理，笔者以实际工作中自主研发的一套"视音频资源元数据管理系统"为例，说明该系统的建设思路、建设内容、系统功能，以期通过此系统的介绍，为有类似业务需求的图书馆、机构提供元数据著录管理工具建设的思路、操作的参考以及后续管理的案例。

7.1 视音频资源元数据管理系统介绍

"视音频资源元数据管理系统"基于视音频资源元数据描述的整体性要求进行定制开发，其功能要求符合国际视音频资源元数据的相关标准，也针对视音频资源元数据的结构特点进行了功能定制。该系统不仅可以实现视音频资源基本的元数据元素项的录入、编辑和管理，还可以实现根据实际工作需要，支持扩展元素项的录入、编辑和管理，可根据具体数字化建设项目的需要，对不同项目的元数据元素项单独进行个性化设置和专门性管理。

7.2 系统架构

"视音频资源元数据管理系统"在设计开发过程中，基于系统稳定性、可扩展性、可复用性等原则，设计了整体系统架构，分为基础管理层、数据存储层和应用处理层。每一层的功能相对独立，层与层之间数据互通，使完整的业务流、数据流规范且完整。系统架构图如图 7-1 所示。

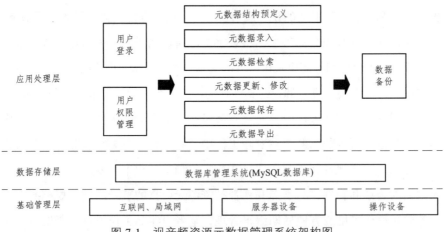

图 7-1　视音频资源元数据管理系统架构图

"视音频资源元数据管理系统"的基础管理层实现整个系统的网络管理、服务器及操作系统的管理，负责整个系统的支撑环境的管理和配置。因系统最终以 B/S 模式提供用户使用，故基础管理层中的网络管理功能可以实现局域网、互联网两种模式的配置和管理，进而使"视音频资源元数据管理系统"的运行范围既能支持局域网也能支持互联网。在图书馆的实际应用中，业务管理人员要特别重视网络安全和系统安全的管理。因此，该系统在互联网模式下，只能打开与数据管理有关的网络端口。在服务器配置管理上，可以实现单服务器运行以及服务器集群运行等多种模式，要采用何种模式取决于系统将要支撑多少用户量以及保存多少数据量。一般来说，同一单位内不超过 100 人的业务应用均可以采用 1 台服务器的模式运行。在操作系统管理方面，"视音频资源元数据管理系统"从易管理的角度出发，基于 Linux 操作系统进行程序开发。因此在整个系统的基础管理层中，操作系统管理包括对操作系统的基础性配置、与本系统相关的参数性配置管理。

"视音频资源元数据管理系统"的数据存储于存储层，实现整个系统的数据集中管理。系统使用 MySQL 数据库进行数据的存储和管理，将所有元数据及其相关描述字段用数据库的表结构进行结构化管理，一方面规范管理所有数据，另一方面将元数据的各个字段之间建立关联关系，为后期进行数据关联、数据规范化导入导出打好基础。此外，使用结构化数据库管理数据，还方便实现不同业务部门、不同业务科组共同使用该平台进行元数据著录和管理，即所谓的"业务操作分散、数据管理集中"。

"视音频资源元数据管理系统"的应用处理层是本系统的主要功能实现层，主要包括用户管理、数据管理两大功能。用户管理实现对用户区分权限的管理，进而实现系统支持多用户、多部门、多机构共同操作的业务模式。数据管理则是本系统主要实现的功能，包括元数据结构预定义、元数据录入、元数据更新修改、元数据保存、元数据导出、数据备份等功能。值得注意的是，本系统主要实现元数据著录和管理功能，其数据的备份和安全是比较重要的，因此在系统的功能设计上特别增加了数据备份的功能，以期对系统中的数据实现妥善、安全的管理。

7.3　系统功能介绍

"视音频资源元数据管理系统"主要面向于图书馆数字化建设业务人员，提供一个较为简单、易用、友好的元数据管理操作平台。图书馆中从事数据化加工工作、元数据著录工作的业务人员，大部分对数据的著录、管理较为熟练，但是没有扎实的计算机操作基础。因此，"视音频资源元数据管理系统"在操作界面、操作方法、操作流程等多个角度进行了设计，将计算机

173

操作的难度降为最低，以期让业务人员不需要具有较高的计算机能力就可以快速、轻松地进行相关业务操作。

"视音频资源元数据管理系统"的操作平台提供了业务人员使用端、管理人员管理端两个不同的管理入口，以期提供不同的功能。

7.3.1 业务人员使用端

"视音频资源元数据管理系统"的业务人员使用端（简称"系统前端平台"），顾名思义就是面向图书馆业务人员提供服务，让业务人员可以在这个操作端进行元数据的著录及管理等一系列业务操作。

1. 系统访问界面

"视音频资源元数据管理系统"采用 B/S 结构，业务人员无须安装任何客户端程序，只需在浏览器的地址栏输入本系统的访问地址，即可打开系统前端平台界面（如图 7-2 所示）。在用户名和密码栏目，输入自己的操作账号、密码，便可快速登录视音频资源元数据管理系统。

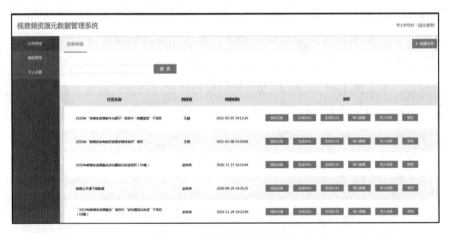

图 7-2　系统前端平台界面

业务人员成功登录系统前端平台后，可以很清晰地看到自己的权限范围下可以操作的所有业务。例如，业务人员可以在"任务管理"栏目下，对已有的所有任务进行管理，执行添加记录、修改记录、生成 XML、生成

174

XLSX、导入数据、任务合并等操作；可以在"模板管理"栏目下，创建元数据著录的新模板或修改已有元数据著录模板；可在"个人设置"栏目下，修改本账号的登录密码等操作。

2. 元数据结构预定义

在图书馆的数字化加工项目中，根据实际情况，不同的数字化项目是需要根据本项目资源的内容、所属类型以及要突出体现的内容元素等因素，设置本项目专有的元数据规则和元数据术语（包括扩展术语）。所以，从业务操作的规范性、流程性和简便性角度出发，视音频资源元数据管理系统特别实现了"元数据结构预定义"的功能。通过元数据结构预定义模块，可以在系统中针对某类/某个数字视音频资源设置元数据结构模板，对元数据的术语、中文标签、名称、是否可重复、是否必备、所用编码体系等项目（如图 7-3 所示）进行统一设置和管理。以视音频资源建设项目为单位，预定义好该资源建设项目所涉及的所有元数据术语后，既可以保存成为元数据结构模板，为业务人员操作提供便利性和规范性支持；又可以以模板的方式为相似的其他资源提供参考和依据，进而提升所有视音频资源的元数据规范性。

图 7-3　资源项目元数据结构预定义操作界面——以某字段为例

以笔者日常工作中实施的"公开课资源建设项目"为例，在开展本项目元数据制作之前，首先使用"元数据结构预定义"功能，定义了"公开课模板"（如图 7-4 所示），将公开课视频资源涉及到的元数据元素项均做了预定义，特别对类似于标识符、主题、分类等字段进行了编码体系的设置与限定。这个模板的设定，不但实现了同一类公开课资源的元数据规则的统一、避免了不同业务人员进行同一类公开课资源的元数据著录的差异、减少了操作的错误概率；而且还可以为其他相似的视音频资源的元数据著录提供可供参考的依据，进而简化业务人员的操作难度、大大提升业务工作的效率。

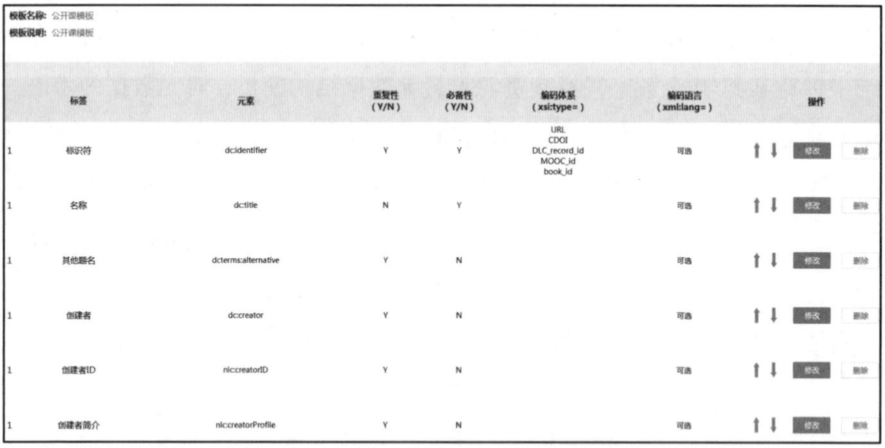

标签	元素	重复性 （Y/N）	必备性 （Y/N）	编码体系 (xsi:type=)	编码语言 (xml:lang=)	操作	
1	标识符	dc:identifier	Y	Y	URL CDOI DLC_record_id MOOC_id book_id	可选	↑ ↓ 修改 删除
1	名称	dc:title	N	Y		可选	↑ ↓ 修改 删除
1	其他题名	dcterms:alternative	Y	N		可选	↑ ↓ 修改 删除
1	创建者	dc:creator	Y	N		可选	↑ ↓ 修改 删除
1	创建者ID	nic:creatorID	Y	N		可选	↑ ↓ 修改 删除
1	创建者简介	nic:creatorProfile	Y	N		可选	↑ ↓ 修改 删除

模板名称：公开课模板
模板说明：公开课模板

图 7-4　元数据结构预定义操作界面

3. 元数据著录管理

"元数据著录管理"是"视音频资源元数据管理系统"中最基础、最常用、最主要的功能。为了便于管理、统一操作，系统设置了"任务管理"栏目，可以以项目为单位，将统一的著录设置为相同的"任务"。当任务设置完成后，可以通过"添加记录"来新建一条元数据记录，即可进行元数据各元素的录入、修改和保存等操作。当元数据保存完成后，还可以点击"修改"，对元数据的各元素信息进行再次修改操作。根据图书馆实际业务需要，"视音频资源元数据管理系统"可以支持多用户并发的操作模式。

在系统操作易用性、功能优化性方面，元数据著录管理模块有以下几个特色。

1）编码体系采用下拉列表

在元数据著录中，需要准确选择元数据的编码体系。系统为了统一多用户、多机构的著录，提升正确性，将编码体系进行了统一设置。在业务人员操作时，不需要手动输入编码体系的名称，只需要通过下拉菜单选择即可，提升了著录效率，更提升了著录的准确性和一致性。

以笔者所实施的"国图公开课"项目的元数据著录为例，该项目建设的所有视频资源均需要进行元数据著录，其元数据中多个元素项——标识符、分类号、主题、创建时间、发布时间、类型、内容形式、媒体类型、语种等元素的编码体系均设置了下拉框选项，在著录时只需要逐一点击选择即可。如图 7-5 至图 7-8 所示为各个数据项元素的编目体系设置。

图 7-5 "标识符"元素的编码体系设置

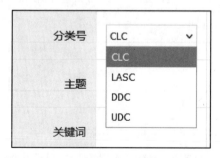 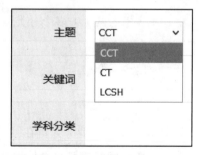

图 7-6 "分类号"元素、"主题"元素的编码体系设置

图 7-7 "创建日期"元素、"发布日期"元素的编码体系设置

图 7-8 "类型"元素、"内容形式"元素、"媒体类型"元素的编码体系设置

2）可方便地实现元素重复项的录入

数字视音频资源元数据具有灵活性的特点，元数据中的各元素一般是可重复的。在实际工作中，元数据著录可能有多个重复元素的情况。"视音频资源元数据管理系统"提供了元素重复项快捷录入的功能，方便业务人员进行相关操作。

例如：如图 7-9 所示，业务人员在编辑"分类号"这个元素时，需要输入两个分类号，则只需要点击"分类号"后边的加号，即可快速地增加一行输入框，实现输入两个或多个分类号的目的。

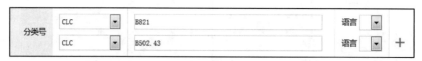

图 7-9 "分类号"元素重复项设置示意图

如图 7-10 所示，业务人员在编辑视音频资源的"标识符"元素时，需要针对同一条资源同时著录多个标识符，只需要点击"标识符"栏目后边的加号，即可快速地增加一行输入框，实现准确、快速输入多个标识符的目的。

图 7-10　"标识符"元素重复项设置示意图

3）支持元数据批量导入系统

在"视音频资源元数据管理系统"中不但可以进行单条元数据的著录、编辑和管理，还支持对图书馆拥有的以文件形式保存的视音频资源元数据批量导入本系统（如图 7-11 所示），进而可以支持图书馆对所有元数据进行统一集中管理。

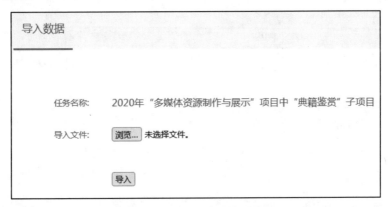

图 7-11　批量导入数据操作界面

4. 元数据查询

"视音频资源元数据管理系统"具有元数据查询功能，是业务工作中经常会用到的功能之一。在图书馆业务工作中，随着数字化建设项目的积累，所有项目的元数据数量会急剧增加，在系统中进行著录和管理的元数据数量也相应地逐步增多。准确定位某一条元数据、找出某批次元数据、根据条件调用某条或者某些元数据，都是日常业务工作中经常需要处理的工作内容。因此，"视音频资源元数据管理系统"针对业务工作需要，实现了元数据查询功能。既可以实现对元数据所有字段的查询（如图 7-12 所示），也可以对元数据某个字段进行准确查询，还可以按照资源类型查询某个类型的元数据（如图 7-13 所示），例如查询视音频资源的元数据、查询某类（例如公开课）视频资源的元数据。查询到的结果可以查看、编辑、修改或导出等。

图 7-12　元数据查询：元数据所有字段的查询

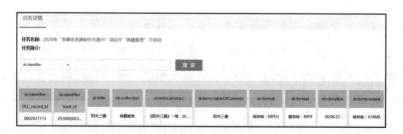

图 7-13　元数据查询：按字段准确查询

5. 数据导出

在元数据管理工作中，经常会需要根据条件查询、定位到某批数据，再将数据导出到系统外，进行数据交换或者数据处理。"视音频资源元数据管理系统"的"数据导出"功能，即可满足该业务需求，既可以对单条元数据进行导出，也可以批量导出元数据。导出文件的格式支持 XML 格式和 EXCEL 格式，以满足不同的应用需求。下面以笔者所处理的"公开课视频建设"项目为例，说明导出的视音频资源元数据记录的格式和内容：

```xml
<?xmlversion="1.0"?>
<metadata
xmlns="http://example.org/myapp/"
xmlns:xsi="http://www.w3.org/2001/XMLSchema-instance"
xsi:schemaLocation="http://example.org/myapp/http://example.org/myapp/schema.xsd"
xmlns:dc="http://purl.org/dc/elements/1.1/"
xmlns:dcterms="http://purl.org/dc/terms/"
xmlns:nlc="http://www.nlc.cn/terms/"
xmlns:isbd="http://iflastandards.info/ns/isbd/elements/">
<record>
<dc:identifierxsi:type="MOOC_id">
20180000MOOC0136
</dc:identifier>
<dc:identifierxsi:type="DLC_record_id">
0001857124
</dc:identifier>
<dc:identifierxsi:type="URL">
http://open.nlc.cn/onlineedu/course/play.htm?id=12463
</dc:identifier>
```

```
<dc:identifierxsi:type="URL">

http://open.nlc.cn/onlineedu/course/play.htm?id=12464

</dc:identifier>

<dc:title>

一个物种的命运与长江的兴衰

</dc:title>

<dc:creator>

王丁

</dc:creator>

<nlc:creatorID>

900633

</nlc:creatorID>

<nlc:creatorProfile>
```

王丁，男，博士生导师，中国科学院水生生物研究所学会委员会主任，鲸类保护生物学学科组组长，中国人与生物圈国家委员会秘书长，先后获"中科院院长奖学金"特别奖，"中科院青年科学家奖"二等奖，"WWFBernhard亲王殿下自然保护奖学金"，1994 年起享受政府特殊津贴。

```
</nlc:creatorProfile>

<nlc:classificationxsi:type="CLC">

Q959.841

</nlc:classification>

<dc:subjectxsi:type="CCT">

长江流域白鳍豚

</dc:subject>

<dc:subjectxsi:type="CCT">

长江流域江豚生物声学

</dc:subject>
```

<nlc:keyword>

长江;鲸类动物;白鳘豚;江豚;资源保护;声学系统

</nlc:keyword>

<nlc:disciplineClassification>

科学技术

</nlc:disciplineClassification>

<dcterms:abstract>

长江是中华民族的母亲河，它的生物多样性非常丰富。但是，在过去几十年里，长江的生物多样性受到了极大的威胁，很多物种都在不断地离我们而去。那么在长江母亲的身上到底发生了什么兴衰故事？在长江水中生活的那些珍稀物种又经历了怎样的生存考验呢？本期讲座中，王丁老师将为大家详细讲解。

</dcterms:abstract>

<dcterms:tableOfContents>

一个物种的命运与长江的兴衰（一）；一个物种的命运与长江的兴衰（二）

</dcterms:tableOfContents>

<dc:format>

发布级：MP4

</dc:format>

2 节(18,19min)

<dcterms:extent>

发布级：第一节存储量为 703MB；第二节存储量为 717MB

</dcterms:extent>

<nlc:technoque>

发布级：分辨率：720×576；视频编码格式：AVC；视频码率：5000 Kbps；

音频编码格式：AAC；音频码率：192 Kbps；音频采样率：48.0 KHz

</nlc:technoque>

<dcterms:createdxsi:type="W3CDTF">

2017

</dcterms:created>

<dcterms:availablexsi:type="W3CDTF">

2019-1-16

</dcterms:available>

<dcterms:rightsHolder>

国家图书馆

</dcterms:rightsHolder>

<dcterms:accessRights>

公开

</dcterms:accessRights>

<dcterms:audience>

不限

</dcterms:audience>

<isbd:contentFormxsi:type="GB/T3469—2013">

图像（动态）

</isbd:contentForm>

<isbd:mediaTypexsi:type="GB/T3469—2013">

电子

</isbd:mediaType>

<nlc:audioChannelLanguagexsi:type="ISO639-2">

chi

</nlc:audioChannelLanguage>

<nlc:subtitleLanguagexsi:type="ISO639-2">

```
chi

</nlc:subtitleLanguage>

</record>

</metadata>
```

6. 元数据保存

元数据著录和管理操作完成后，均需要及时保存。"视音频资源元数据管理系统"对于元数据保存的功能，支持单条元数据的保存、也支持数据导出系统外保存。具体的保存方式可以视具体的实践工作而定。

7.3.2 管理人员使用端

"视音频资源元数据管理系统"的管理人员使用端（简称"系统后端平台"），专门为图书馆管理该系统的人员提供使用。通过比较简单清晰的操作界面，为管理人员管理元数据著录的业务工作提供方便快捷的管理工具。系统后端平台主要提供两个功能：用户管理和数据备份。

1. 用户管理

"视音频资源元数据管理系统"可以供多用户、多机构、多部门共同使用，为了保障系统内部用户的权限清晰、用户信息安全，必须要有一个较为严谨完善的用户管理功能。该系统实现了用户信息管理和权限管理两个功能。

1）用户信息管理

通过系统后端平台，最高权限的系统管理员可以对本系统内部的所有用户信息进行管理，包括新建用户、重置密码、停用用户等功能。只有在后端平台新建了用户，业务人员才能在前端平台上以用户名和密码登录系统，进行操作。此外，为了保证系统中用户信息的完整性，防止误操作，对于所有系统内的所有用户信息，管理员只能停用/启用，不能做物理删除。

2）权限管理

在系统后端平台上，管理员可以对用户进行"权限管理"。通过"用户—

角色—权限"这样的逻辑进行权限分配，进而实现将同一访问权限的一批用户设置为某类角色。在权限分配上，只需为角色设置权限即可。在图书馆的实际业务操作中，管理员可以根据实际业务需求，对同一个项目根据不同分工设置角色，进而分配操作权限。不但保证了著录数据的安全性，减少了误操作的发生，而且提升了业务操作的效率，实现相互搭配、分工协作。

2. 数据备份

"视音频资源元数据管理系统"要保证系统内所有元数据都保存完整和安全，数据备份功能是非常重要且不可缺少的。为了便于业务操作，在系统后端平台上，提供两种方式的数据备份功能。

（1）通过数据导出功能，将某个栏目或项目下的元数据完整导出到系统外，业务人员可以在系统外对数据进行异地存储备份或采用其他长期保存方式进行数据备份管理。

（2）系统提供基于数据库的备份管理，即对 MySQL 数据库执行备份操作，进而实现对本系统内所有元数据或部分元数据的备份。

图书馆业务管理人员一定要关注数据备份的管理。为了避免发生用户误操作、硬件故障、自然灾害等情况下的数据丢失，系统管理人员一定要定期做好系统的数据备份和数据异地多份保存的管理。

7.4 系统使用效果

"视音频资源元数据管理系统"目前已应用于国家图书馆的多个数字资源建设项目，提供了较好的元数据著录和管理的业务支撑。例如国图公开课、新媒体资源建设、微讲座建设等项目，均在该系统上进行了项目内元数据的全流程操作，包括元数据录入、元数据导入导出及元数据管理。总的来说，该系统操作简洁方便、功能所见即所得、操作流程与实际业务工作的流程要求相符合。在该系统中进行元数据的操作，可以显著提升元数据管理工作的效率。

在以往的业务工作中，"视音频资源元数据管理系统"已经为多个项目的元数据管理提供了较为便捷、规范的操作支持，取得了良好的效果。该系统还将继续根据业务需求完善和丰富功能，也将开放更多的使用权限给更多的业务工作者使用，这里同时也希望借由对此系统的介绍为图书馆、机构进行视音频资源元数据著录和管理提供思路、方法和工具。

现有视音频国内标准情况

该统计为面向全国的国家标准、行业标准进行的调研。

附表 1-1　现有视音频国内标准统计

序号	名称	类型	创建		发布			使用		现状
			机构	部门	机构	时间		起始时间		
1	GB/T 31219.4—2014 图书馆馆藏资源数字化加工规范 第 4 部分：音频资源	国家标准	全国图书馆标准化委员会（SAC/TC389）	中华人民共和国文化部	中华人民共和国国家质量监督检验检疫总局，中国国家标准化管理委员会	2014-09-30		2015-01-01		现行
2	GBT 31219.5—2016 图书馆馆藏资源数字化加工规范 第 5 部分：视频资源	国家标准	全国图书馆标准化委员会（SAC/TC389）	中华人民共和国文化部	中华人民共和国国家质量监督检验检疫总局，中国国家标准化管理委员会	2016-08-29		2017-03-01		现行
3	GB/T 37020—2018 信息技术 系统间远程通信和信息交换局域网和城域网 特定要求 面向视频的无线个人域网（VPAN）媒体访问控制和物理层规范	国家标准	全国信息技术标准化技术委员会（SAC/TC28）	国家标准化管理委员会	国家市场监督管理总局，中国国家标准化管理委员会	2018-12-28		2019-07-01		现行

189

序号	名称	类型	创建		发布		使用		现状
			机构	部门	机构	时间	起始时间		
4	GB/T 22726—2008 多声道数字音频编解码技术规范	国家标准	全国音频、视频及多媒体系统与设备标准化技术委员会（SAC/TC 242）	工业和信息化部（电子）	中华人民共和国国家质量监督检验检疫总局，中国国家标准化管理委员会	2008-12-22	2009-06-01		现行
5	GB/T 20090.1—2012 信息技术 先进音视频编码 第1部分：系统	国家标准	全国信息技术标准化技术委员会（SAC/TC 28）	中华人民共和国工业和信息化部	中华人民共和国国家质量监督检验检疫总局，中国国家标准化管理委员会	2012-12-31	2013-06-01		现行
6	GB/T 20090.2—2013 信息技术 先进音视频编码 第2部分：视频	国家标准	全国信息技术标准化技术委员会（SAC/TC 28）	中华人民共和国工业和信息化部	中华人民共和国国家质量监督检验检疫总局，中国国家标准化管理委员会	2013-12-31	2014-07-15		现行
7	20051305-T-339 信息技术 先进音视频编码 第3部分：音频	国家标准计划	全国信息技术标准化技术委员会（SAC/TC 28）	中华人民共和国工业和信息化部	中华人民共和国国家质量监督检验检疫总局，中国国家标准化管理委员会	—	—		已终止

序号	名称	创建			发布		使用	
		类型	机构	部门	机构	时间	起始时间	现状
8	GB/T 20090.4—2012 信息技术 先进音视频编码 第4部分：符合性测试	国家标准	全国信息技术标准化技术委员会（SAC/TC 28）	中华人民共和国工业和信息化部	中华人民共和国国家质量监督检验检疫总局、中国国家标准化管理委员会	2012-12-31	2013-06-01	现行
9	GB/T 20090.5—2012 信息技术 先进音视频编码 第5部分：参考软件	国家标准	全国信息技术标准化技术委员会（SAC/TC 28）	中华人民共和国工业和信息化部	中华人民共和国国家质量监督检验检疫总局、中国国家标准化管理委员会	2012-12-31	2013-06-01	现行
10	GB/T 20090.10—2013 信息技术 先进音视频编码 第10部分：移动语音和音频	国家标准	全国信息技术标准化技术委员会（SAC/TC 28）	国家标准化管理委员会	中华人民共和国国家质量监督检验检疫总局、中国国家标准化管理委员会	2013-12-31	2014-07-15	现行
11	GB/T 20090.11—2015 信息技术 先进音视频编码 第11部分：同步文本	国家标准	全国信息技术标准化技术委员会（SAC/TC 28）	国家标准化管理委员会	中华人民共和国国家质量监督检验检疫总局、中国国家标准化管理委员会	2015-12-10	2016-08-01	现行

序号	名称	类型	创建		发布		使用	
			机构	部门	机构	时间	起始时间	现状
12	GB/T 20090.12—2015 信息技术 先进音视频编码 第12部分：综合场景	国家标准	全国信息技术标准化技术委员会（SAC/TC 28）	国家标准化管理委员会	中华人民共和国国家质量监督检验检疫总局、中国国家标准化管理委员会	2015-12-10	2016-08-01	现行
13	GB/T 20090.16—2016 信息技术 先进音视频编码 第16部分：广播电视视频	国家标准	全国信息技术标准化技术委员会（SAC/TC 28）	国家标准化管理委员会	中华人民共和国国家质量监督检验检疫总局、中国国家标准化管理委员会	2016-04-25	2016-11-01	现行
14	GB/T 33475.2—2016 信息技术 高效多媒体编码 第2部分：视频	国家标准	全国信息技术标准化技术委员会（SAC/TC 28）	国家标准化管理委员会	中华人民共和国国家质量监督检验检疫总局、中国国家标准化管理委员会	2016-12-30	2017-07-01	现行
15	GB/T 33475.3—2018 信息技术 高效多媒体编码 第3部分：音频	国家标准	全国信息技术标准化技术委员会（SAC/TC 28）	国家标准化管理委员会	国家市场监督管理总局、中国国家标准化管理委员会	2018-06-07	2019-01-01	现行

序号	名称	创建			发布		使用	
		类型	机构	部门	机构	时间	起始时间	现状
16	GB/T 30246.4—2013 家庭网络 第4部分：终端设备规范 音视频及多媒体设备	国家标准	全国音频、视频及多媒体系统与设备标准化技术委员会（SAC/TC 242）	中华人民共和国工业和信息化部	中华人民共和国国家质量监督检验检疫总局，中国国家标准化管理委员会	2013-12-31	2014-07-15	现行
17	GB/T 31493—2015 数字音视频分析仪技术要求	国家标准	全国电子测量仪器标准化技术委员会（SAC/TC153）	中华人民共和国工业和信息化部	中华人民共和国国家质量监督检验检疫总局，中国国家标准化管理委员会	2015-05-15	2016-01-01	现行
18	GB/T 9002—2017 音频、视频和视听设备及系统词汇	国家标准	全国音频、视频及多媒体系统与设备标准化技术委员会（SAC/TC 242）	中华人民共和国工业和信息化部	中华人民共和国国家质量监督检验检疫总局，中国国家标准化管理委员会	2017-05-31	2017-12-01	现行
19	GB/T 2926 5.403—2017 信息技术 信息设备资源共享协同服务 第403部分：远程音视频访问框架	国家标准	全国信息技术标准化技术委员会（SAC/TC 28）	国家标准化管理委员会	中华人民共和国国家质量监督检验检疫总局，中国国家标准化管理委员会	2017-11-1	2018-05-01	现行

| 序号 | 名称 | 类型 | 创建 | | 发布 | | 使用 | | |
			机构	部门	机构	时间	起始时间	现状
20	GB/T 29265.407—2017 信息技术 信息设备资源共享协同服务 第 407 部分：音频互连协议	国家标准	全国信息技术标准化技术委员会（SAC/TC28）	国家标准化管理委员会	中华人民共和国国家质量监督检验检疫总局、中国国家标准化管理委员会	2017-11-1	2018-05-01	现行
21	GB/T 35321—2017 多声道数字音频编解码技术一致性测试方法	国家标准	全国音频、视频及多媒体系统与设备标准化技术委员会（SAC/TC242）	中华人民共和国工业和信息部	中华人民共和国国家质量监督检验检疫总局、中国国家标准化管理委员会	2017-12-29	2018-07-01	现行
22	WH/T 62—2014 音频资源元数据规范	行业标准	全国图书馆标准化技术委员会（SAC/TC389）	全国图书馆标准化技术委员会	中华人民共和国文化部	2014-01-06	2014-04-01	现行
23	WH/T 63—2014 视频资源元数据规范	行业标准	全国图书馆标准化技术委员会（SAC/TC389）	全国图书馆标准化技术委员会	中华人民共和国文化部	2014-01-06	2014-04-01	现行

序号	名称	类型	创建		发布		使用		现状
			机构	部门	机构	时间	起始时间		
24	WH/T 49—2012 音频数据加工规范	行业标准	全国图书馆标准化技术委员会（SAC/TC389）	全国图书馆标准化技术委员会	中华人民共和国文化部	2014-01-06	2014-04-01		现行
25	WH/T 39—2009 专业音频和扩声用扬声器组件实用规范	行业标准	中华人民共和国文化部	中华人民共和国文化部	中华人民共和国文化部	2009-03-06	2009-06-01		现行
26	YD/T 3341—2018 宽带互联网业务体验网络评分计算方法 网页视频测速业务	行业标准	中国通信标准化协会（SAC/TC485）	中国通信标准化协会	中华人民共和国工业和信息化部	2018-12-21	2019-04-01		现行
27	YD/T 3342—2018 宽带互联网业务体验网络瓶颈分析方法 网页视频测速业务	行业标准	中国通信标准化协会（SAC/TC485）	中国通信标准化协会	中华人民共和国工业和信息化部	2018-12-21	2019-04-01		现行
28	YD/T 3268—2017 基于IMS的网间业务互通网间点对点视频通信技术要求	行业标准	中国通信标准化协会（SAC/TC485）	中国通信标准化协会	中华人民共和国工业和信息化部	2017-07-07	2017-10-1		现行

序号	名称	类型	创建		发布		使用	
			机构	部门	机构	时间	起始时间	现状
29	YD/T 3217—2017 基于表述性状态转移（REST）技术的业务能力开放应用程序接口（API）视频共享	行业标准	中国通信标准化协会（SAC/TC485）	中国通信标准化协会	中华人民共和国工业和信息化部	2017-04-12	2017-07-01	现行
30	YD/T 1607—2016 移动终端图像及视频传输特性技术要求和测试方法	行业标准	中国通信标准化协会（SAC/TC485）	中国通信标准化协会	中华人民共和国工业和信息化部	2016-10-22	2017-01-01	现行
31	YD/T 1538—2014 数字移动终端音频性能技术要求及测试方法	行业标准	中国通信标准化协会（SAC/TC485）	中国通信标准化协会	中华人民共和国工业和信息化部	2014-10-14	2014-10-14	现行
32	YD/T 2647—2013 IP网络高清视频质量客观全参考评价方法	行业标准	中国通信标准化协会（SAC/TC485）	中国通信标准化协会	中华人民共和国工业和信息化部	2013-10-17	2014-01-01	现行
33	YD/T 2648—2013 移动数字通信应用的视频质量主观评价方法	行业标准	中国通信标准化协会（SAC/TC485）	中国通信标准化协会	中华人民共和国工业和信息化部	2013-10-17	2014-01-01	现行

序号	名称	类型	创建		发布		使用	
			机构	部门	机构	时间	起始时间	现状
34	YD/T 2453—2013 多媒体通信业务视频感官质量无参考测量技术需求和评估准则	行业标准	中国通信标准化协会（SAC/TC485）	中国通信标准化协会	中华人民共和国工业和信息化部	2013-04-25	2013-06-01	现行
35	YD/T 2134.2—2011 互联网服务统计指标 第 2 部分：视频播放业务基本指标	行业标准	中国通信标准化协会（SAC/TC485）	中国通信标准化协会	中华人民共和国工业和信息化部	2011-05-18	2011-06-01	现行
36	YD/T 2309—2011 音频质量主观测试方法	行业标准	中国通信标准化协会（SAC/TC485）	中国通信标准化协会	中华人民共和国工业和信息化部	2011-05-18	2011-06-01	现行
37	YD/T 2310—2011 通信用多用途音频编解码	行业标准	中国通信标准化协会（SAC/TC485）	中国通信标准化协会	中华人民共和国工业和信息化部	2011-05-18	2011-06-01	现行
38	YD/T 1388.6—2005 基于软交换的业务技术要求 第 6 部分：视频多媒体业务	行业标准	中国通信标准化协会（SAC/TC485）	中国通信标准化协会	中华人民共和国工业和信息化部	2005-09-01	2005-12-01	现行
39	GY/T 301—2016 视频节目对白字幕数据格式规范	行业标准	全国广播电影电视标准化技术委员会（SAC/TC239）	全国广播电影电视标准化技术委员会	国家新闻出版广电总局	2016-06-08	2016-06-08	现行

197

序号	名称	类型	创建		发布		使用		现状
			机构	部门	机构	时间	起始时间		
40	GY/T 299.1—2016 高效音视频编码 第1部分：视频	行业标准	全国广播电影电视标准化技术委员会（SAC/TC239）	全国广播电影电视标准化技术委员会	国家新闻出版广电总局	2016-05-06	2016-05-06		现行
41	GY/T 298—2016 音频系统小损伤主观评价方法	行业标准	全国广播电影电视标准化技术委员会（SAC/TC239）	全国广播电影电视标准化技术委员会	国家新闻出版广电总局	2016-03-18	2016-03-18		现行
42	GY/T 285—2014 数字音频设备音频特性测量方法	行业标准	全国广播电影电视标准化技术委员会（SAC/TC239）	全国广播电影电视标准化技术委员会	国家新闻出版广电总局	2014-12-17	2014-12-17		现行
43	GY/T 282—2014 数字电视节目平均响度和真峰值音频电平技术要求	行业标准	全国广播电影电视标准化技术委员会（SAC/TC239）	全国广播电影电视标准化技术委员会	国家新闻出版广电总局	2014-12-03	2014-12-03		现行
44	GY/T 281—2014 音频扩展文件格式 MBWF/RF64	行业标准	全国广播电影电视标准化技术委员会（SAC/TC239）	全国广播电影电视标准化技术委员会	国家新闻出版广电总局	2014-12-03	2014-12-03		现行

序号	名称	类型	创建		发布		使用	
			机构	部门	机构	时间	起始时间	现状
45	GY/T 257.2—2014 广播电视先进音视频编解码 第 2 部分：视频符合性测试	行业标准	全国广播电影电视标准化技术委员会（SAC/TC239）	全国广播电影电视标准化技术委员会	国家新闻出版广电总局	2014-11-02	2014-11-02	现行
46	GY/T 268.2—2013 调频频段数字音频广播 第 2 部分：复用	行业标准	全国广播电影电视标准化技术委员会（SAC/TC239）	全国广播电影电视标准化技术委员会	国家新闻出版广电总局	2013-11-11	2013-11-11	现行
47	GY/T 268.1—2013 调频频段数字音频广播 第 1 部分：数字广播信道编喊结构、信道编码和调制	行业标准	全国广播电影电视标准化技术委员会（SAC/TC239）	全国广播电影电视标准化技术委员会	国家新闻出版广电总局	2013-08-14	2013-08-14	现行
48	GY/T 262—2012 节目响度和真峰值音频电平测量算法	行业标准	全国广播电影电视标准化技术委员会（SAC/TC239）	全国广播电影电视标准化技术委员会	国家新闻出版广电总局	2012-08-07	2012-08-07	现行
49	GY/T 259—2012 下一代广播电视网（NGB）视频点播系统元数据规范	行业标准	全国广播电影电视标准化技术委员会（SAC/TC239）	全国广播电影电视标准化技术委员会	国家新闻出版广电总局	2012-07-13	2012-07-13	现行

序号	名称	类型	创建		发布		使用	
			机构	部门	机构	时间	起始时间	现状
50	GY/T 258—2012 下一代广播电视网（NGB）视频点播系统技术规范	行业标准	全国广播电影电视标准化技术委员会（SAC/TC239）	全国广播电影电视标准化技术委员会	国家新闻出版广电总局	2012-07-13	2012-07-13	现行
51	GY/T 257.1—2012 广播电视先进音视频编解码 第1部分：视频	行业标准	全国广播电影电视标准化技术委员会（SAC/TC239）	全国广播电影电视标准化技术委员会	国家新闻出版广电总局	2012-07-10	2012-07-10	现行
52	GY/T 243—2010 标准清晰度电视数字视频通道技术要求和测量方法	行业标准	全国广播电影电视标准化技术委员会（SAC/TC239）	全国广播电影电视标准化技术委员会	国家新闻出版广电总局	2010-07-09	2010-07-09	现行
53	GY/T 227—2007 数字音频信号在2048kbps线路中的传输格式	行业标准	全国广播电影电视标准化技术委员会（SAC/TC239）	全国广播电影电视标准化技术委员会	国家新闻出版广电总局	2007-07-19	2007-09-01	现行
54	GY/T 224—2007 数字视频、数字音频技术要求和测量方法	行业标准	全国广播电影电视标准化技术委员会（SAC/TC239）	全国广播电影电视标准化技术委员会	国家新闻出版广电总局	2007-02-17	2007-04-01	现行
55	GY/T 214—2006 30MHz～3000MHz地面数字音频广播系统技术规范	行业标准	全国广播电影电视标准化技术委员会（SAC/TC239）	全国广播电影电视标准化技术委员会	国家新闻出版广电总局	2006-05-10	2006-06-01	现行

序号	名称	类型	创建		发布		使用	
			机构	部门	机构	时间	起始时间	现状
56	GY/T 168—2001 广播音频数据文件格式规范——广播波形格式（BWF）	行业标准	全国广播电影电视标准化技术委员会（SAC／TC239）	全国广播电影电视标准化技术委员会	国家新闻出版广电总局	2001-03-09	2001-5-01	现行
57	GY/T 159—2000 4:4:4 数字分量视频信号接口	行业标准	全国广播电影电视标准化技术委员会（SAC／TC239）	全国广播电影电视标准化技术委员会	国家广播电影电视总局	2000-06-06	2000-12-01	现行
58	GY/T 155—2000 高清晰度电视节目制作及交换用视频参数值	行业标准	全国广播电影电视标准化技术委员会（SAC／TC239）	全国广播电影电视标准化技术委员会	国家广播电影电视总局	2000-06-06	2000-12-01	现行
59	GY/T 161—2000 数字电视附属数据空间内数字音频和辅助数据的传输规范	行业标准	全国广播电影电视标准化技术委员会（SAC／TC239）	全国广播电影电视标准化技术委员会	国家广播电影电视总局	2000-06-06	2000-12-01	现行
60	GY/T 162—2000 高清晰度电视串行接口中作为附属数据信号的 24 比特数字音频格式	行业标准	全国广播电影电视标准化技术委员会（SAC／TC239）	全国广播电影电视标准化技术委员会	国家广播电影电视总局	2000-06-06	2000-12-01	现行
61	CY/T 65—2009 只读类数字视频光盘 VCD 常规检测参数	行业标准	全国新闻出版标准化技术委员会（SAC/TC527）	新闻出版总署	中华人民共和国新闻出版总署	2009-11-23	2009-11-23	现行

序号	名称	类型	创建		发布		使用	
			机构	部门	机构	时间	起始时间	现状
62	YD/T 588—1996 电话网上音频调制解调器承受传输损伤能力的基本要求	行业标准	邮电部电信科学研究规划院	邮电部电信科学研究规划院	中华人民共和国邮电部	1996-11-12	1997-05-01	现行
63	DB51/T 2318—2017 高清视频无线实时传输设备通用规范	地方标准	四川省经济和信息委员会	四川省质量技术监督局	四川省质量技术监督局	2017-02-17	2017-03-01	现行
64	DB44/T 1553—2015 车载高清数字音视频系统规范	地方标准	广东省质量技术监督局	广东省质量技术监督局	广东省质量技术监督局	2015-03-26	2015-06-26	现行
65	DB44/T 1554—2015 车载高清数字音视频系统可靠性试验方法	地方标准	广东省质量技术监督局	广东省质量技术监督局	广东省质量技术监督局	2015-03-26	2015-06-26	现行
66	DB35/T 1490—2015 远距离数字视频微波传输系统	地方标准	福建省经济和信息化委员会	福建省经济和信息化委员会	福建省质量技术监督局	2015-02-28	2015-06-01	现行
67	DB11/T 384.2—2009 图像信息管理系统技术规范 第2部分：视频格式与编码	地方标准	北京市质量技术监督信息研究所	北京市质量技术监督信息研究所	北京市质量技术监督局	2009-02-06	2009-05-01	作废
68	DB11/T 384.16—2009 图像信息管理系统技术规范 第16部分：视频图像字符叠加要求	地方标准	北京市质量技术监督信息研究所	北京市质量技术监督信息研究所	北京市质量技术监督局	2009-02-06	2009-05-01	现行

音频类数字资源情况调查问卷

音频类数字资源情况调查问卷

为广泛了解各单位在音频类数字资源建设和服务所采用的技术标准相关情况，现开展调研。请大家协助填写问卷内容，感谢您的支持与参与！

第一部分　基本信息

一、贵单位的全称：＿＿＿＿＿＿＿＿＿＿＿＿＿＿＿＿＿＿

二、您单位音频类数字资源名称：＿＿＿＿＿＿＿＿＿＿＿＿

＿＿＿＿＿＿＿＿＿＿＿＿＿＿＿＿＿＿＿＿＿＿＿＿＿＿＿＿

三、您所在的部门：＿＿＿＿＿＿＿＿＿＿＿＿＿＿＿＿＿＿

四、您的联系方式：＿＿＿＿＿＿＿＿＿＿＿＿＿＿＿＿＿＿

第二部分　音频类数字资源资源情况

一、音频资源来源（包括原生、数字化加工等）

原生：包括本单位自行通过一定的设备进行的音频采集等。

数字化加工：包括模拟/数字转换、视频中抽取等。

＿＿＿＿＿＿＿＿＿＿＿＿＿＿＿＿＿＿＿＿＿＿＿＿＿＿＿＿

＿＿＿＿＿＿＿＿＿＿＿＿＿＿＿＿＿＿＿＿＿＿＿＿＿＿＿＿

二、音频资源的文件类型

保存级：指采用无压缩或无损压缩的编码方式产生的，以存档或长期保存为目的的音频资源。

服务级：指以获取或使用为目的的音频资源。

三、音频资源的技术参数

	保存级	服务级
编码		
通道数		
采样率		
比特率		
量化位		
文件格式		

第三部分 音频对象数据标准规范建设的需求

一、您对音频对象数据标准的需求？

_____

_____

二、您对音频对象数据标准的建议？

_____

_____

欢迎您提出宝贵意见或建议，再次感谢您的支持！

联系人及联系方式：

××××年×月

公共图书馆音频数字化建设情况调查报告

为广泛了解现阶段全国各省级公共图书馆在音频类数字资源建设和服务方面所采用的技术标准相关情况，也为了合理地分析视音频资源数字化加工操作指南在图书馆实际业务工作中的必要性和可行性，特在本书撰写过程中，面向全国省级公共图书馆开展了音频类数字资源情况调查。

本次调查主要通过网络联系各个图书馆的相关人员填写调查问卷。通过"问卷调查法"来收集全国省级公共图书馆在音频类数字资源建设和服务中所采用的技术标准情况。

调查问卷共分三部分。第一部分为问卷填写人及所在图书馆的基本信息调查，包括图书馆名称、音频资源负责人所在部门、音频类资源的名称；第二部分为图书馆在音频类数字资源建设和管理方面的实际情况调查，包括音频资源来源、音频资源文件类型、不同级别音频资源采用的技术参数；第三部分为开放性问题，包括对音频对象标准的需求及建议。

调查通过网络联系，向全国共33个省级公共图书馆发放了调查问卷。根据各个图书馆返回的问卷情况，进行了详细分析。

1. 图书馆负责建设和管理音频类资源的部门情况

在省级公共图书馆中，大体有 3 类部门负责音频资源的建设和管理，分别是网络技术部、数字资源部、试听资料中心。其中网络技术部所占比例最高，达到 46%，数字资源部占比 39%，如附图 3-1 所示。

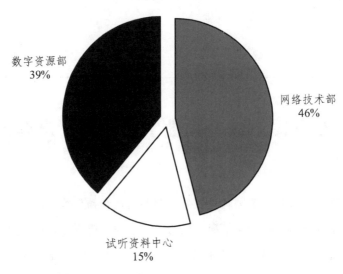

附图 3-1　不同音频资源管理部门的图书馆比例

2. 图书馆的音频资源情况

在所有参与调研的省级公共图书馆中，大部分图书馆是有本馆建设的音频数字资源，比例占到 71%，如附图 3-2 所示。其中 47%的图书馆只有原生性音频资源，往往是图书馆选择具有本地区特色的山歌、民族歌曲、朗诵、故事等内容录制而成的音频资源，同时也作为图书馆的特色资源入藏和服务。33%的图书馆只有再生性音频资源，他们将本馆保存的黑胶唱片、有特色的戏曲磁带进行模拟信号到数字信号的转换加工，有的图书馆是从馆藏视频中抽取出音频资源。20%的图书馆的音频资源是原生性、再生性两种类型都有，这类图书馆开展音频资源数字化的方式较为灵活，不但充分发挥了馆藏中基于模拟信号视音频资源的生命力，而且还从地区特色、民族特色、资源稀缺性等角度出发建设了独具特色的原生性音频资源，如附图 3-3 所示。

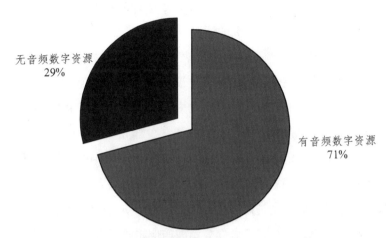

是否有音频数字资源

附图 3-2　是否拥有音频资源的图书馆比例

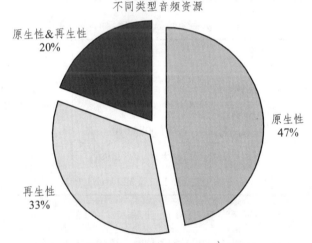

不同类型音频资源

附图 3-3　拥有不同类型音频资源的图书馆比例

3. 图书馆音频资源采用的技术指标

通过调查可见，所有进行音频资源数字化建设的图书馆都有自己图书馆实施的一套数字化加工技术指标，但是每个图书馆横向比较起来，均不相同。有些图书馆在进行数字化加工中，只为了自己图书馆的服务需求，建设了发布级音频资源，未进行长期保存级音频资源的建设，这个问题是图书馆在进行数字化建设中必须要避免的。为了充分了解各个图书馆在进行音频资源数字化建设中使用的技术参数的情况，特别针对音频资源比较重要的 4 个技术参数进行了调研，调研结果如附表 3-1 所示。在每种技术参数的应用上，不同图书馆均不完全相同。唯一比较统一的就是音频资源的格式，保存级音频资源大部分图书馆均采用 WAVE 格式，少部分采用 BWF 格式；服务级音频资源大部分图书馆均采用 MP3 格式，少部分采用 WMA 格式。图书馆进行数字化加工，一定要注意不能选择具有商业公司知识产权的文件格式，例如 WMA 格式是微软公司开发并力推的一种音频格式，这种格式虽具有一定优势，但是最大的问题是该格式有版权限制，使用相关播放设备需要购买版权，此外，如果若干年后，微软公司破产倒闭或不再支持该格式，那么用此格式保存的音频数据将面临不能解码播放的风险。

附表 3-1　图书馆音频资源采用的技术参数

文件类型	采样率	比特率	量化位	文件格式
保存级音频资源	44.1 kHz、48 kHz、96 kHz、128 kHz	1 024 kb/s、1 411 kb/s、1 420 kb/s、2 304 kb/s、4 608 kb/s	16 bit、24 bit	WAVE、BWF
发布级音频资源	44.1 kHz、48 kHz	128 kb/s、192 kb/s、256 kb/s、320 kb/s	8 bit、16 bit	MP3、WMA

4. 图书馆对于音频资源标准的期待

调查问卷中的第三部分是开放性问题，由参加调研的图书馆填写从本馆实际工作需求角度出发，对于音频资源标准的需求和建议。各个图书馆反馈的需求和建议非常近似，可以看出各个图书馆均从自己图书馆的工作需求着手，从项目建设实际遇到的、急需解决的问题出发，提出了合理的需求和建议。

对于音频资源标准的建议包括：音频资源建设标准应该体现标准的规范性、统一性、兼容性、广泛性；在音频资源标准建设的内容上应该包括适合不同场景的相关标准，进而体现标准的广泛性与适应性；同时，多个图书馆都表达了期待建设一个全国通用的、统一的、可复用的音频资源建设标准。

对于音频资源标准的建设内容，多个图书馆建议针对音频资源数字化加工过程中的各个流程进行细化的规范制定，进而可以让图书馆在实际工作中参照执行；在标准规范的定义上，要对参数统一标准，并且标准还要有兼容性，进而可以适用于所有图书馆的实际业务工作；此外，图书馆均表达了对标准规范内容培训的加强和推广普及的需求。

商业软件音频数字资源情况调查报告

在面向全国33个省级公共图书馆调研音频资源数字化建设情况的同时，为了更加充分地了解当前国内外音频数字资源普遍采用的技术指标，本书在撰写过程中，还广泛地调研了国内外较为流行的音视频在线服务网站、资源库服务平台，将各个平台所采用的音频技术指标进行了横向的对比和总结。希望各个平台所采用的音频数字资源的技术指标可以给图书馆进行视音频资源数字化加工工作提供一些思路和借鉴。

本次调研共面向国内外16个网站及服务APP（小程序）进行了有关音频资源主要技术参数的统计（详细信息见附表4-1所示），也面向4个视音频资源库进行了有关音频数字资源不同规格数字文件采用技术指标的详细调研（详细信息见附表4-2所示）。通过调研，可知：

（1）在线服务的视音频网站以及移动APP中的视音频，均面向用户提供服务，不但要提升用户欣赏音频资源的感受，还要让用户不会感觉到卡顿、速度慢、反应迟钝等，因此提供服务的音频资源所采用的技术指标比较一致。国外网站大部分采用PCM编码的数据集，国内网站和移动APP则大部分使用MPEG Audio Layer3编码，也有一部分使用AAC编码。调研中的所有移动APP的音频资源均采用了44.1 kHz采样率，通道数为2。比特率指标，除酷狗音乐APP的无损音质音频采用930 kb/s比特率，其他的网站和APP的音频的比特率均不高于320 kb/s，可见320 kb/s比特率可以满足绝大多数用户的音乐欣赏需求。而国外网站的音频资源的数据集采样率变化范围比较大，从 8 kHz 至 48 kHz，相应的比特率变化范围也从 64 kb/s 到 1 024 kb/s 不等。可见国外网站更倾向于保留声音的全部信息，进而可以为用户提供不同级别的音乐欣赏服务。视音频服务移动 APP 中的音频文件，数据集多采用 WAV 格式，使用 MP3 格式的音频对用户提供服务。

（2）专业提供视音频服务的资源库，在音频资源建设方面有较为完善和完整的加工、管理流程。调查的 4 个资源库均有丰富、具有特点的原生性音频资源建设和管理。音频资源的采样率参数较为统一，发布级均采用 44.1 kHz；量化位采用 8 bit 和 16 bit，采用的服务文件格式也均为 MP3，将 WAV 格式作为保存级文件的格式。

由本次调研可以获知，随着互联网技术的发展和普及，用户越来越多地通过互联网来获取音频资源的服务。提供视音频服务的网站和移动 APP 也朝着专业化、丰富化、多样化的方向发展和壮大起来，这些网站和移动 APP 形成了各自相互独立又相对统一的音频数字资源的技术指标和服务技术指标，这些指标是图书馆在进行视音频资源建设和管理时可以借鉴和参考的，也是图书馆在进行本馆视音频资源数字化加工和建设服务中应该充分考虑的。只有将数字资源的建设和管理建立在规划化、通用化、共享化的技术指标上，图书馆才能将自己拥有的资源更好地面向社会提供服务和共享，与此同时，图书馆还能更开放地接受社会化资源的分享与合作。

附表 4-1 视音频服务网站/APP 音频资源采用的技术指标

序号	网站/APP 名称	音频资源的技术参数					
		编码	通道数	采样率	比特率	量化位数	文件格式
1	喜马拉雅（APP）	AAC	2	44.1 kHz	标准：32 kb/s 高清：64 kb/s	16 bit	过程文件
2	蜻蜓（APP）	AAC	2	44.1 kHz	流畅：32 kb/s 高音质：64 kb/s	16 bit	过程文件
3	荔枝（APP）	MPEG Audio Layer3	2	44.1 kHz	128 kb/s	16 bit	过程文件
4	企鹅 FM（APP）	AAC	2	44.1 kHz	96 kb/s	16 bit	过程文件
5	咪咕音乐（APP）	AAC	2	44.1 kHz	128 kb/s	16 bit	过程文件
6	网易云音乐（网站/APP）	MPEG Audio Layer3	2	44.1 kHz	标准：128 kb/s 较高：192 kb/s 极高：320 kb/s	16 bit	MP3
7	酷狗音乐（网站/APP）	MPEG Audio Layer3	2	44.1 kHz	标准音质：128 kb/s 高品音质：320 kb/s 无损音质：936 kb/s	16 bit	MP3

212

音频资源的技术参数

序号	网站/APP 名称	编码	通道数	采样率	比特率	量化位数	文件格式
8	QQ音乐（网站/APP）	MPEG Audio Layer3	2	44.1 kHz	标准品质：128 kb/s HQ高品质：320 kb/s	16 bit	MP3
9	全民K歌（网站/APP）	AAC	2	44.1 kHz	128 kb/s	16 bit	m4a
10	国家大剧院官网——音乐赏析——歌剧（网站）	MPEG Audio Layer3	2	44.1 kHz	128 kb/s	16 bit	MP3
	国家大剧院官网——音乐赏析——交响乐（网站）	MPEG Audio Layer3	2	44.1 kHz	128 kb/s	16 bit	MP3
	国家大剧院官网——音乐赏析——室内乐（网站）	MPEG Audio Layer3	2	44.1 kHz	128 kb/s	16 bit	MP3
	国家大剧院官网——音乐赏析——中国音乐（网站）	MPEG Audio Layer3	2	44.1 kHz	128 kb/s	16 bit	MP3
11	Common Voice（网站）	MPEG Audio Layer3	1	48 kHz	64 kb/s	16 bit	MP3
12	TIMIT(The DARPA TIMIT Acoustic-Phonetic Continuous Speech Corpus)（网站）	PCM	1	48 kHz	768 kb/s	16 bit	—

序号	网站/APP 名称	音频资源的技术参数					
		编码	通道数	采样率	比特率	量化位数	文件格式
13	THCHS30（网站）	PCM	1	16 kHz	256 kb/s	16 bit	—
14	VoxForge（网站）	PCM	1	8 kHz	128 kb/s	16 bit	WAV
			1	16 kHz	256 kb/s		
			2	32 kHz	1024 kb/s		
			1	44.1 kHz	705.6 kb/s		
			1	48 kHz	768 kb/s		
15	OpenSLR（网站）	FLAC	1	16 kHz	171 kb/s	16 bit	FLAC
	OpenSLR	PCM	1	8 kHz	128 kb/s	16 bit	WAV
	OpenSLR	PCM	1	16 kHz	256 kb/s	16 bit	WAV
	OpenSLR	PCM	2	16 kHz	512 kb/s	16 bit	WAV
	OpenSLR	PCM	1	48 kHz	768 kb/s	16 bit	WAV
16	AudioSet（网站）	—	—	—	—	—	TFRecord

附表4-2 资源库音频资源技术参数

资源库名称	音频资源类型（原生、再生）	编码（发布级/保存级）	通道数（发布级/保存级）	采样率（发布级/保存级）	比特率（发布级/保存级）	量化位（发布级/保存级）	文件格式（发布级/保存级）
库客数字音乐图书馆	原生性音频：55个少数民族系列、中国当代作曲家系列、唐诗宋词等；再生性音频（数字化加工）：对唱片进行数字化加工	发布级：波形编码/混合编码；保存级：混合编码	发布级：2.0/5.1/7.1；保存级：2.0/5.1	发布级：24 kHz；保存级：24 kHz/44.1 kHz	发布级：8/16/64 kb/s；保存级：8/16/128 kb/s	发布级：8/16 bit；保存级：8/16 bit	发布级：MP3，提供在线收听和下载服务；保存级：WAV，不作为流媒体客音乐伴放在库存音乐平台上，仅供保存使用
宝成多媒体外语学习平台	再生性音频（数字化加工）：数字转换、视频中抽取	发布级：MP3	发布级：2	发布级：44.1 kHz	发布级：64 kb/s	发布级：16 bit	发布级：MP3
龙源电子期刊阅览室	原生性音频	发布级：MP3	发布级：2	发布级：44.1 kHz	发布级：192 kb/s	发布级：8 bit	发布级：MP3
喜马拉雅	原生性音频	—	发布级：立体声；保存级：立体声	发布级：44.1 kHz；保存级：44.1 kHz	发布级：320 kb/s	发布级：16 bit；保存级：16 bit	发布级：MP3；保存级：WAV

附录 5

商业软件视频数字资源情况调查报告

在新技术快速发展的条件下，为了更充分地了解当前国内外视频数字资源普遍采用的技术指标，本书在撰写过程中，笔者广泛地调研了国内外较为流行的视频在线服务网站，将相关网站/平台所采用的视频技术指标进行了横向的对比和总结。在直播、短视频高速发展和普及的今天，各个网站/APP 的短视频以及直播视频涉及的网络传输技术、流媒体分发技术指标等未在本调研范畴内。

希望本次调研成果以及总结的结论，可以为图书馆相关业务人员提供业务指导。也希望本次调研的各个平台所采用的视频数字资源的技术指标可以给图书馆进行视频资源数字化加工工作提供一些思路和借鉴。

本次调研共面向国内外 12 个网站及服务 APP 进行了有关视频资源主要技术参数的统计（详细信息见附表 5-2 所示）。

通过调研，可以看到，随着视频技术的成熟与普及，国内外提供视频资源在线服务的网站在视频资源的画面效果、网页服务效果以及手机和 PAD 等移动终端的服务效果方面均类似，各个网站没有明显的区分。虽然各个视频服务网站所采用的底层技术架构不一致，但是从前端的视频资源服务效果、可下载视频资源的格式以及对于用户不同使用终端所匹配的视频资源格式来说，各大网站均相似。（因为资源版权限制、网站技术保密等因素，目前大部分视频服务网站不提供视频资源下载服务。）

纵观国内外用户量较大、视频资源丰富、视频服务方式多样的视频服务网站，提供在线视频服务采用的技术参数较为近似，有一定的规律可言。

（1）技术参数1——视频分辨率。

视频类资源服务网站要兼顾网络视频资源服务以及手机、PAD、电视等不同终端用户的需求，视频类服务网站通常将视频资源制作成多种视频分辨率的版本（如附表5-1所示），根据服务终端进行匹配。

随着视音频技术的发展成熟以及互联网技术的发展、5G网络的健全，超高清节目的制作和发布已经很常见，4K或更高级别的高清视频资源的内容采集、视频制作、资源保存、视频在线服务的流程和技术平台越来越成熟和完善；无论是互联网电视，还是手机、PAD等移动终端都可以流畅地支持4K高清视频资源的传输和播放，进而满足用户日常学习、娱乐和生活中对4K高清视频的需求。

附表5-1 视频服务网站/APP常用视频资源技术参数

视频清晰度	视频分辨率	适用的服务终端
360P	640×360	手机、PAD等移动端
540P	960×540	手机、PAD等移动端，部分PC端
720P	1280×720, 高清（High Definition, HD）	PAD端、PC端、部分电视屏终端
1080P	1920×1080, 全高清（Full High Definition, FHD）	PC端、电视屏终端
4K	3840×2160, 4K超高清（4K Ultra High Definition, UHD）	4K超高清电视屏终端

（2）技术参数2——视频帧率。

视频类资源服务网站通常采用标准的PAL制式的帧率25 f/s，一般不会低于25 f/s（因为这是人眼识别的极限，否则就会感觉到闪烁）。视频类服务网站采用的高清类视频一般也不会超过60 f/s（如果超过60 f/s，视频资源文件会过大，进而影响存储空间占用、视频文件传输速度以及视频文件的解析能力等）。通常来说，FHD 全高清类视频资源，帧率为 25 f/s 或 30 f/s，4K 超高清类视频资源，帧率为 50 f/s。

（3）技术参数 3——视频码率。

视频类资源服务网站提供的视频资源，依据分辨率的不同，其视频码率要与分辨率相互匹配，从 300 kb/s 到 20 Mb/s 不等。如附表 5-2 中的"视频码率"一列所示，视频码率包含 300 kb/s、800 kb/s、1.5 Mb/s、2.8 Mb/s、20 Mb/s。在视频类资源服务网站提供视频服务的实践中，由于网络环境的不同以及网速限制等因素，用户所接收到的视频资源的码率是有变化的。在网络连通性好的情况下，用户通常会接收到该档次视频最高的码率；在网络连通性状况不好的情况下，为保障用户的视频观看体验，通常用户会接收到该档次降低码率的视频资源。

（4）技术参数 4——视频编码及封装格式。

为适应网络传输、资源发布和在线视频服务的要求，各个视频网站均采用了国际和业界通用的视频编码标准 H.264、H.265、AV1、VP9、DASH 等。同时随着各个用户的需求不断提升，用户越来越习惯于使用智能手机、PAD 等移动设备享受无延迟、高清晰的视频在线播放服务，也更加愿意接受 1080P 全高清视频以及 4K、8K 超高清视频的服务。因此，各个视频网站的视频编码技术一直在研发和突破，第二代信源编码标准 AVS 是我国自主知识产权的视频编码标准。

各个视频网站无论采用什么编码标准，其目标均为提高本网站的视频资源服务效果、吸引更多用户的使用并增加用户粘度、拥有自己网站的技术特色和技术实力，因此，在视频封装格式应用方面，均采用了业界较为通用的格式，包括 FLV、MP4、HLS 等，不但便于视频资源适配不同的终端设备和服务平台，还适用于当前的流式视频播放和实时缓存的服务效果。此外，一些视频网站出于版权控制等考虑，还开发出只适用于本网站移动应用终端的视频封装格式，例如，爱奇艺专有的 QSV 加密视频文件格式、优酷网专有的超清 KUX 视频文件格式、腾讯视频网站专有的 QLV 视频文件格式、搜狐视频专有的 ifox 视频文件格式、哔哩哔哩网站下载的视频文件默认包括两个 M4S 格式文件等。

由本次调研可以获知，随着 5G 和移动互联网技术的发展和普及，移动终端的性能提升和愈发便利，用户越来越愿意使用移动 APP 和移动互联网来获取视频资源的服务。根据 2022 年 2 月发布的第 49 次《中国互联网络发展状况统计报告》[93]显示，截至 2021 年 12 月，在网民中网络视频、短视频用户使用率分别为 94.5%和 90.5%，用户规模分别达 9.75 亿和 9.34 亿。由此可见，视频资源服务的模式和终端渠道已经逐步转换到移动终端。此外，随着国内外视音频资源服务网站的发展和完善，这些网站已经逐步形成并巩固了自有的用户群，建立了各自网站的技术架构、视音频资源的性能指标以及服务技术指标等。从本次调研可以看出，目前业界已经形成较为统一的视音频资源技术标准和技术指标，这些指标是图书馆在进行视频资源建设和管理时可以借鉴和参考的，也是图书馆在进行本馆视音频资源数字化加工和建设服务中应该充分考虑和借鉴的。图书馆在进行本馆有特色的视音频资源建设时，不但要从资源内容的角度出发考虑稀缺性、专有性和专业性，而且还要从资源建设的技术指标、技术参数等角度多学习、借鉴和参考相关商业网站。也希望图书馆在进行数字视频资源建设和管理中，注重标准化、通用化、共享化的技术指标制定与应用，促进图书馆将自己拥有的资源更好地面向社会提供服务和共享，与此同时，图书馆还能更开放地接受社会化资源的分享与合作。

附表 5-2　视频服务网站/APP 视频资源采用的技术指标

网站	视频清晰度	视频分辨率	视频帧率	视频码率	视频编码	视频封装格式
爱奇艺	360P	640×360	25 f/s	300 kb/s	dash_av1、H.264、AVS2[94]	MP4、HLS、QSV（爱奇艺公司研发的一种加密的视频文件格式）
	480P	854×480	25 f/s	—		
	720P	1280×720	25 f/s	1.5 Mb/s		
	1080P	1920×1080	25 f/s	2.8 Mb/s		
	蓝光 4K	3840×2160	60 f/s	20 Mb/s		
	珍奇映画 4K	3840×2160	60 或 120 f/s	20 Mb/s		
优酷	540P	960×540	25 f/s	800 kb/s	—	标清 FLV、高清 MP4、超清 KUX（优酷网专有的视频文件格式）
	720P	1280×720	25 f/s	1.5 Mb/s		
	蓝光 1080P	1920×1080	25 f/s	2.8 Mb/s		
	极清 4K	3840×2160	60 f/s	20 Mb/s		
腾讯视频	270P	480×270	25 f/s	—	—	MP4、HLS、QLV（腾讯视频网站专有的视频文件格式）
	480P	854×480	25 f/s	—		
	720P	1280×720	25 f/s	1.5 Mb/s		
	1080P	1920×1080	25 f/s	2.8 Mb/s		
	4K	3840×2160	60 f/s	—		

网站	视频清晰度	视频分辨率	视频帧率	视频码率	视频编码	视频封装格式
哔哩哔哩	360P	640×360	25 f/s	300 kb/s	H.264、H.265	MP4、HLS、FLV、M4S（哔哩哔哩网站默认包括两个视频文件下载的视频文件格式 M4S格式文件 video.m4s 和 audio.m4s）
	480P	854×480	25 f/s	—		
	720P	1280×720	25 f/s	1.5 Mb/s		
	1080P	1920×1080	25 f/s	2.8 Mb/s		
	1080P高码率	1920×1080	60 f/s	2.8 Mb/s		
	2160P（4K）	3840×2160	60 f/s	20 Mb/s		
芒果 TV	标清	832×468	—	—	—	MP4、HLS
	高清	1024×576	—	—		
	超清	1280×720	25 f/s	1.5 Mb/s		
	蓝光	1920×1080	25 f/s	2.8 Mb/s		
搜狐视频	540P	960×540	25 f/s	800 kb/s	AVC1	MP4、HLS、ifox（搜狐视频专有的一种视频文件格式）
	720P	1280×720	25 f/s	1.5 Mb/s		
	1080P	1920×1080	25 f/s	2.8 Mb/s		
土豆视频	360P	640×360	25 f/s		AVC1（H.264）	MP4、FLV
	540P	960×540	25 f/s	800 kb/s		
	720P	1280×720	25 f/s	1.5 Mb/s		
	1080P	1920×1080	25 f/s	2.8 Mb/s		

网站	视频清晰度	视频分辨率	视频帧率	视频码率	视频编码	视频封装格式
咪咕视频	540P	960×540	25 f/s	800 kb/s	—	MP4、FLV
	720P	1280×720	25 f/s	1.5 Mb/s		
	1080P	1920×1080	25 f/s	2.8 Mb/s		
西瓜视频	360P	640×360	25 f/s	—	DASH	MP4、FLV、RMVB
	480P	854×480	25 f/s	—		
	720P	1280×720	25 f/s	1.5 Mb/s		
	1080P	1920×1080	25 f/s	2.8 Mb/s		
Acfun	360P	640×360	25 f/s	—	AVC1	FLV
	540P	960×540	25 f/s	800 kb/s		
	720P	1280×720	25 f/s	1.5 Mb/s		
	1080P	1920×1080	25 f/s	2.8 Mb/s		
netflix	480P	854×480	30 f/s	—	H.264、H.265、AV1、VP9	MP4、FLV、NFV
	720P	1280×720	30 f/s	1.5 Mb/s		
	1080P	1920×1080	60 f/s	2.8 Mb/s		
	2160P（4K）	3840×2160	60 f/s	20 Mb/s		

网站	视频清晰度	视频分辨率	视频帧率	视频码率	视频编码	视频封装格式
youtube	144P	256×144	30 f/s	—	VP9、H.264、以及 AV1	FLV、AVI、MOV、MP4、MKV、MPEG、3GP、WMV 以及 SWF 等
	240P	426×240	30 f/s	—		
	360P	640×360	30 f/s	300 kb/s		
	480P	854×480	30 f/s	—		
	720P	1280×720	60 f/s	1.5 Mb/s		
	1080P	1920×1080	60 f/s	2.8 Mb/s		
	1440P	2560×1440	60 f/s	—		
	2160P（4K）	3840×2160	60 f/s	20 Mb/s		
	4320P（8K）	7680×4320	60 或 120 f/s	—		

注：由于视频资源的版权控制、版权限制以及网站技术细节的保密性，部分视频网站的技术细节无法通过网络调研、电话咨询、网站下载等途径获知，故统计表格中存在一定的空白。

附录 6

数字音频资源主要技术指标
—— 音频编码及音频格式

随着现代信息技术以及网络通信技术的快速发展，原始传统的模拟信号传输已经无法满足现代发展和生活娱乐的需要，数字音频传输被广泛应用。但数字音频资源往往数据量巨大，在数据传输过程中不可避免地面临一个非常重要的问题：如果直接将数字音频信号直接传输，则会占用极大的带宽，也会给存储带来很大的压力和成本，后续的处理也会存在较多的困难。因此，对于数字音频资源，必须采用一定的技术对数据进行某些处理，音频编码（及解码）以及音频格式是数字音频资源较为重要的技术。本书在撰写过程中，笔者较为深入地研究了音频编码及音频格式相关理论和实践，现归纳总结出来，供本书读者查阅参考。

1. 音频编码

描述信源的数据由信息和数据冗余两部分组成，音频信号也存在着一定的数据冗余。音频编码是以音频为信源，将模拟语音信号转换为数字信号，使其更好地在数字信道中传输的过程[95]。音频编码的本质是减少音频中的数据冗余[96]。音频编码是在信号不失真的前提下尽可能地压缩音频数据。压缩是通过去除信号中的冗余数据来实现的，冗余数据指在人耳听觉范围之外的信号和被掩蔽的信号，例如，20 Hz ~ 20 kHz 为人耳可以感知的频率范围，超出此范围的信号无法被人耳感知，因此可以将其视为冗余数据。此外，根据人耳听觉的生理和心理现象，当存在强音信号和弱音信号时，弱音信号会被强音信号掩盖，导致人耳听不到弱音信号，这种弱音信号也可以视为冗余数据。通过音频编码，实现压缩数据，减少音频数据量，降低音频数据的传输和存储成本，方便存储和传输。

在无线网络环境下，音频信号的传输会受到带宽、通信环境等多种因素的影响，不能达到特别高的比特率。存储介质的容量也会对音频信号的存储产生一定的影响。此外，计算机的普及使人们对声音的高保真度有了更高的要求，实际的应用需求推动了音频编码技术的研究，使得音频编码技术得到了迅速发展，并由此衍生出许多编码方法。

（1）按照压缩模式，音频编码可以分为无损压缩和有损压缩。

无损压缩[97]是在对音频进行编码后消除信息冗余的一种方式。数字音频采用无损压缩的方式进行音频编码，可以保护信号不受损伤，以保证质量，但此种方式的音频压缩效率较低。常见的采用无损压缩方式的音频编码格式包括 APE（无损音频压缩格式）、FLAC（自由音频无损压缩编码）等。

有损压缩[97]是依据心理声学模型，在压缩过程中去除人耳不敏感的信息，获取到较高的压缩比，但是会在压缩过程中损失掉一部分信息，也可以理解为在音频压缩过程中删除一些对于音频资源不太重要的数据来达到音频压缩的效果和目的。常见的采用有损压缩方式的音频编码格式包括 MP3（具有较高的压缩比，适用性和兼容性较优）、AAC（较适用于视频中的音频编码）、OGG（较适用于语音聊天场景中的音频压缩使用，但是该编码兼容性不高，流媒体不支持）。

（2）根据音频压缩技术原理不同，业界常常将音频编码技术分为以下三种：波形编码、参数编码和混合编码。

从编码速率、编码后的语音效果来比较，波形编码的编码速率很高，该类型编码后的音频资源的语音质量较高；参数编码的编码速率很低，采用这种技术的音频编码后的音频资源的语音质量不高；混合编码则因为同时使用参数编码技术和波形编码技术，使得该类编码技术的编码速率及编码后的音频资源的语音质量处于前两种编码技术之间。

① 波形编码[97]：该类型编码技术是根据音频数据的统计特性，利用音频采样的幅度分布规律和相邻样本之间的相关性进行编码，使编码后的语音波形与之前的波形一致。

② 参数编码[97]：该类型编码技术是基于音频声学参数实施编码并降低数据率的一种技术，其目的是使编码后的音频与原始音频具有相同的特性。该类编码技术常用的参数包括线性预测系数、滤波器组和共振峰等。

③ 混合编码[97]：该类型编码技术结合波形编码与参数编码，既兼顾波形编码音频的高质量特性，又兼顾参数编码的低数据率特性，进而使得采用此类编码技术的音频数据可以在低数据率上获得较高质量的音质。

根据三种编码的音频压缩技术不同，每种编码技术均有其特性和适用性，现将各种编码技术的特点、优势以及适用场景以表格（如附表 6-1 所示）的形式进行归纳和总结。

附表 6-1　三种编码技术详细说明

编码技术	编码速率	包含编码类型	优/缺点	适用场景
波形编码	较高，9.6～64 kb/s	PCM、SBC、DM、ADPCM、ADM 等	技术方法简单，实现难度低；适应度高、语音质量较好。因为有较低的压缩比，需要较高的编码速率	—
参数编码	较低，2.4～4.8 kb/s	余弦声码器、各种线性预测编码（LPC）	语音质量差、对外界环境及噪声较敏感、会有较大的失真	保密性高，在军事中常用该编码方式
混合编码	较低，2.4～16 kb/s	多脉冲激励线性预测编码（MPLPC）、码本激励线性预测编码（CELP）、规则脉冲激励线性编码（RPE-LPC）	该技术克服了波形编码以及参数编码各自的缺点，有较好的效果	大多数通信中的语音编码使用该编码方式

2. 音频格式

音频格式指要在计算机内播放或处理音频的文件格式。通常来说，音频格式最大带宽是 20 kHz，采样速率介于 40~50 kHz 之间，我们常采用的是脉冲编码调制（Pulse-Code Modulation，PCM）。

音频对象数据的数据文件格式，指要在计算机内播放或是处理音频的文件格式。常见的格式包括 CD 格式、WAVE 格式、APE 格式、FLAC 格式、AIFF 格式、TTA 格式、Dolby TrueHD 格式、DTS-HD Master Audio 格式、MP3 格式、WMA 格式、AAC 格式、RealAudio 格式、OGG 格式、m4a 格式等。

不同格式的音频文件，其音质的表现会有很大的差异。音频格式可分为有损格式和无损格式。有损格式通常指有损压缩格式。无损格式可分为无损非压缩格式和无损压缩格式。常见的 CD 格式和 WAVE 格式均为无损非压缩格式；APE 和 FLAC 格式是常见的无损压缩格式；MP3、WMA、OGG 格式是常见的有损压缩格式[98]。

1）无损音频格式

无损音频格式为没有压缩或者压缩比很小的音频文件，与初始录音数据一致或者基本一致，一般分为无损非压缩音频格式和无损压缩音频格式。

（1）CD 格式。

CD 格式的采样频率为 44.1 kHz，16 位量化位数，声音基本基于原始声音（音质较高）。CD 格式可以在 DVD 和其他设备中播放，也可以通过电脑上的 CD 驱动器使用软件播放。

（2）WAVE 格式。

WAVE（Waveform Audio File Format）是微软为在 Windows 平台上保存音频信息资源而开发的一种格式。它可以支持多种采样频率和通道。采样频率为 44.1 kHz，16 位量化位数，该格式的音频文件的音质与 CD 格式的音频文件相同，具有接近原声的效果。也可以说，WAVE 格式是最接近无损的音频文件格式，其音频文件的存储量较大，不太适用于传播。WAVE 格式比较适用于 Windows 平台的多媒体开发、保存音乐和音效素材。

（3）APE 格式。

APE 是 Monkey's Audio 提供的无损压缩格式，该格式可以保证将音频文件从 CD 上读取到并压缩成为 APE 格式后，音频文件的音质保持与原始 CD 格式音频类似，而且还可以将 APE 格式的音频文件还原到 CD 格式，还原后的音频文件与原始状态的音频文件一样，没有损失。

APE 格式可以在保证音质不降低的情况下，将音频文件的大小压缩到传统无损音频格式文件大小的一半，与此同时，APE 格式的音频文件还能保证音质与 CD 格式音频类似。可以说，APE 格式已经成为当前最流行的数字音频文件格式之一，非常适合用于音乐欣赏和音乐收藏。

（4）FLAC 格式。

FLAC（Free Lossless Audio Codec）是一套著名的自由音频压缩编码，属于无损音频压缩编码。在采用此种方式进行音频压缩过程中，任何音频原始的信息都不会被破坏，因此该格式音频经过解码后还可以恢复原始音频的音质。FLAC 格式已经成为当前最为流行的数字音频文件格式之一，很多软硬件音频产品都支持 FLAC 格式。FLAC 格式是免费的，也支持在大多数的操作系统下使用，例如 Windows 系统、基于 Unix 内核开发的系统以及 OS/2、Amiga 等均支持 FLAC 格式。

FLAC 格式与 APE 格式均为当前非常受欢迎的数字音频文件格式，但是对于相同的原始音频文件而言，转换为 FLAC 格式会比转换为 APE 格式所占用的文件存储大一些，编码速度快很多，而且 FLAC 格式的兼容性更高，适用的播放器较广泛。

（5）TTA 格式。

全称为 True Audio，与其他音频格式相比，TTA 格式具有相同或更好的压缩效果。TTA 格式常用于多声道的无损压缩，压缩大小约为原始文件的 30%～70%，并且编码速度也较快。TTA 格式的主要目标是优化硬件执行的编码算法，同时支持 ID3v1 和 ID3v2 标签信息。

（6）DolbyTrueHD。

DolbyTrueHD 是新一代的音频编码技术，码率达到 18 Mb/s，支持无损的多声道音频。DolbyTrueHD 技术适用于蓝光光盘以及 HD-DVD，保证有 18 Mb/s 音频传输码率，可以提供类似于录音棚母带品质的音频。DolbyTrueHD 可以提供家庭影院效果的音频质感。

（7）DTS-HD Master Audio。

DTS-HD Master Audio 是 DTS 公司为新一代高分辨率音视频光盘推出的一种高分辨率音频格式，使用无损压缩格式，可以支持多达 7.1 个通道、96 kHz、24 位采样音频输出，数据流最高可达 24.5 Mb/s。基于相关声学数字编码，可以实现 bit-to-bit 的精确传输，不会丢失音频细节。

它具有更高的互换性和扩张性，除了兼顾更高音质、更多声道外，还能兼容网络下载内容的互动性，取样频率和声道选取也更加灵活。DTS-HD Master Audio 拥有压缩比例小的特点，声音信息损失少、细节更为丰富。

2）有损压缩音频格式

（1）MP3 格式。

MP3 格式全称是 Moving Picture Experts Group Audio Layer III，诞生于 1993 年。MP3 可以称为当今最为流行的数字音频编码以及有损压缩音频格式。

MP3 利用 MPEG Audio Layer 3 的音频有损压缩技术，将音频原始文件以 10∶1 甚至 12∶1 的压缩率进行压缩，与此同时还能较好地保持原始音频文件的音质，最终实现了音频文件存储量小，音质好的效果。

因为 MP3 音频格式是一种有损音频压缩格式，在实施音频压缩时会在保证低音频部分不失真的情况下，丢失原始音频文件中人耳不敏感的 12 kHz 到 16 kHz 高音频部分，用 10∶1 甚至 12∶1 的压缩率将原始音频文件压缩成更小的文件。以相同时长的音频文件为例，如果以 MP3 格式存储，音频文件的存储体积只有 WAVE 文件的 1/10，MP3 格式的音频文件的音质仅次于 CD 格式或 WAVE 格式。由于其文件尺寸小、音质较好，使得 MP3 格式被大多数软件和硬件支持。

（2）WMA 格式。

WMA 全称 Windows Media Audio，是由微软开发的一种音频格式，与 MP3 格式很类似。WMA 格式在保证音质的同时实现了比 MP3 格式更高的压缩率，WMA 的压缩率一般可达到 18：1，WMA 格式的音频文件大小只有相应的 MP3 格式音频文件的 50%。WMA 格式支持 DRM（数字版权管理），具有防止拷贝、限制播放时间、限制播放次数以及控制播放机器等功能，为数字音频资源的版权保护提供了较好的支持。WMA 格式支持流媒体技术，可以轻松实现在线广播，在微软的大力支持下，这种格式被越来越多的人接受。

（3）AAC 格式。

AAC 格式全称为 Advanced Audio Coding，高级音频编码技术。AAC 格式具有高压缩比的音频压缩性能、支持多声道、支持 96 kHz 采样率等特点。AAC 格式的压缩比可以达到 18：1，与 MP3 相比在保证音质较好的基础上，还可以节省大约 30% 的存储空间和网络带宽。AAC 格式的音频文件音质较好，但是支持该格式文件的播放器较少。

（4）RealAudio。

RealAudio 格式的音频文件包括 3 种类型，RA（RealAudio）、RM（RealMedia，RealAudio G2）、RMX（RealAudio Secured）。所有这些格式均适用于网络在线音乐欣赏。而且这些音频格式的音频资源的音质可以随着网络带宽的不同而变化，进而可以在保证大多数用户听到较好音质音频的基础上，为具有较高带宽条件的用户提供更高音质的音频资源服务。由此可知，RealAudio 格式可以充分利用带宽资源的条件来发挥音频资源本身的音质效果，非常适合网络在线服务。

（5）OGG 格式。

OGG 全称是 OGG Vobis，是一种完全免费的开源音频格式，没有专利限制。与 MP3 格式相比较，OGG 格式可以在相对较低的数据速率下获得比 MP3 格式更好的音质效果。此外 OGG 格式还具有比特率缩放功能，可以在不重新编码的情况下调整音频文件的比特率。

与 MP3 格式不同，OGG 格式支持多声道模式，支持对所有声道进行编码，进而通过多声道来实现更好的临场感音效，在用户观看电影和交响乐时有更多的优势。随着用户对音频资源音质要求的不断提高，OGG 格式的优势将更加突出。此外，OGG 格式因为完全免费和开源，获得了几乎所有音频编辑器的支持，适用性极高。

（6）m4a 格式。

m4a 格式是 MPEG-4 音频标准的文件格式。自从苹果公司开始在 iTunes 和 iPod 中使用"m4a"来区分 MPEG-4 视频和音频文件以来，扩展名".m4a"变得很流行，m4a 格式变成几乎所有支持 MPEG-4 音频的软件都支持的格式。目前，最常用的 m4a 文件是使用 AAC 编码的文件。

3）小结

如前面所述，根据有损压缩、无损压缩等分类，音频格式包含多种格式，不同格式的音频资源在音质表现、文件大小等方面都有较大的差异。一般而言，无损压缩格式的音频资源音质最好，与最原始音频的效果差异最小，但是这类音频资源的文件比较大，会占用较大的存储空间和较多的网络带宽。此外，这种品质的音频资源的量化精度较高、对音频的编码以及解码的能力要求也较高，会对支持音频资源播放的内存、硬盘、CPU 等设备均有较高的要求。无损压缩格式的音频资源在网络在线服务、网络传输等模式下，均会对网络带宽造成很大的压力。因此，随着网络应用的需求增加，用户对音频资源的需求提升，各类有损压缩的音频资源格式也逐步提升音质、优化压缩技术、适应更广泛的播放软件和播放环境，进而有损压缩的音频资源逐步成为应用服务的主流。

（1）针对同一音频资源，以音频资源的编码压缩比对各个音频格式进行排序：AAC 格式>OGG 格式>MP3 格式、WMA 格式>APE 格式>FLAC 格式>WAVE 格式。

注：MP3 格式和 WMA 格式，以音频资源文件的比特率作为一个条件，当比特率高于 192 kb/s 时，MP3 格式的压缩比高于 WMA 格式；当比特率低

于 192 kb/s 时，结果则相反，WMA 格式的压缩比高于 MP3 格式。

（2）针对同一音频资源，从音频资源的音质对各个音频格式的音频资源进行排序：WAVE 格式=FLAC 格式=APE 格式>AAC 格式>OGG 格式>MP3 格式>WMA 格式。由此可见，WAVE 格式、FLAC 格式和 APE 格式是音质最优秀的三种音频资源格式。

（3）针对同一音频资源，从音频资源对于播放器以及对移动端的适用性角度，对各个音频格式的音频资源进行排序。

对于大众较为接受的 MP3 播放器的支持：MP3 格式>WMA 格式>WAVE 格式>FLAC 格式>APE 格式、AAC 格式以及 OGG 格式。

对于移动终端的支持：MP3 格式>WMA 格式>AAC 格式、WAVE 格式>FLAC 格式、OGG 格式>APE 格式。

附录 7

数字视频资源主要技术指标
—— 视频编码及封装格式

当今，我们正处在移动互联网时代，也是视频时代。从电视剧和电影到可以随时随地打开和观看的短视频，我们的生活受到越来越多视频的影响。这一切都离不开视频拍摄技术的不断升级和视频制作行业各项技术的不断提升。此外，网络通信技术的飞速发展和广泛普及以及移动终端的丰富和性能提升都对视频普及起到了促进作用。在视频技术的提升方面，视频编码技术的飞速发展，视频封装技术及格式的丰富和不断完善，为我们能享受到视频带来的无限乐趣提供了极大帮助。本书在撰写过程中，笔者较为深入地研究了视频编码及视频封装格式相关理论和实践，现归纳总结出来，供本书读者查阅参考。

1. 视频编码

视频是由大量的图片连续播放形成的。视频通常用帧率来衡量其流畅度，而帧率是指视频每秒钟包含的画面数量。在视频资源中，一帧就是一幅静止的画面。因此，视频资源的帧率越高，视频就越流畅。在制作、管理、保存和使用视频资源的场景中，视频文件的存储和传输是视频资源都要合理处理和有效控制的两个技术问题。一般来说，原始的视频资源，其数据量是巨大的，意味着很难进行存储和网络传输，因此引出了视频编码技术来实现对原始视频资源的处理。

视频编码技术是依据指定的规则压缩原始视频资源，去除视频资源中的空间维度或时间维度冗余信息，使得压缩后的视频资源的数据量变小，进而便于存储和传输。简言之，视频编码就是将视频资源由一种视频格式转换为另一种视频格式，最终实现对原始视频资源的压缩。视频编码的目的是在提高视频资源压缩比的基础上，尽可能保证压缩后的视频资源的质量，也要保证视频转码过程易实现、高可靠。在视频资源数字化加工和管理中，视频编码格式（视频编码压缩技术）是非常重要的一个参数。

为了推动视频技术的整体发展，也为了更好地适应互联网环境下的视频化趋势，无论是标准化组织还是互联网技术公司都致力于视频编码格式的发展与进步。目前国际上的视频编码组织有以下几个。

（1）ITU-T 视频编码专家组（VCEG）。

国际电信联盟（ITU）其下属的一个专门制定远程通信相关国际标准的组织是国际电信联盟电信标准分局 ITU-T。而 ITU-T 下属的第 16 研究组（ITU-T Study Group 16）则是视频编码专家组 VCEG（Video Coding Experts Group）[99]。VCEG 制定的标准有 H.261、H.263、H.263+等，与此同时，VCEG 专家组对于 H.264 和 H.265 也有部分贡献。H.261 标准采用的编码算法与 MPEG 编码算法类似，主要适用于视频会议以及可视电话等。H.263 标准比 H.261 标准增加了 4 种压缩编码模式，适用于数字有线电视信号以及 DVD 的视频压缩编码。H.263+标准支持自定义视频图像的尺寸，进而扩充了该标准适用的视频范围。H.264 标准适用于高精度视频资源的录制与压缩编码，是目前普遍使用的一种视频编码标准。

（2）国际标准化组织 ISO/IEC（MPEG）。

大家较为熟悉的国际标准化组织（ISO），其成员包括多个国家的标准化团体。ISO/IEC 下属的动态图像组织 MPEG（Moving Picture Experts Group）制定了关于视频编码方面标准包括 MPEG-1、MPEG-2、MPEG-4、MPEG-7 等[100]。MPEG-1 编码是 MPEG 组织制定的第一个视频和音频有损压缩标准。

MPEG-2 编码标准适用于有线电视广播信号的视频和音频编码，也适用于 DVD 视频的压缩。而 MPEG-4 标准主要适用于视频电话（Video Phone）、网络传输以及电子新闻（Electronic News）的视频资源的压缩。

（3）联合视频小组 JVT。

联合视频小组 JVT（Joint Video Team）是由 VCEG 专家组和 MPEG 专家组共同组成的。JVT 推出了 H.264/AVC 标准[101]，显著提升了视频资源数据的压缩码率，具有高图像质量、高视频压缩比、良好的网络适应性等特性，可以支持在较小带宽上实现高质量的图像传输，因而 H.264/AVC 标准应用范畴较为广泛，在移动电话、视频会议、视频监控、多媒体视频、网络视频以及流媒体等应用中均适用，已经成为目前业界使用最为广泛的高清视频编码标准。

（4）视频编码联合协作团队 JVT-VC。

视频编码联合协作团队 JVT-VC（Joint Collaborative Team on Video Coding）是由 VCEG 专家组和 MPEG 专家组在 2010 年成立的视频编码专家组。该专家组研制了高效视频编码 HEVC（High Efficiency Video Coding）标准，推出了 H.265/HEVC 标准[102]。该标准于 2013 年 4 月被国际电信联盟接受为正式标准。H.265/HEVC 标准在 H.264 基础上实现了拓展和优化，不但保持了 H.264 的基于宏块的视频编码技术，还改善了码流、编码质量以及算法复杂度之间的关系，提升了编码压缩性能。在达到相同的视频图像质量的前提下，通过 H.265/HEVC 编码的视频资源的大小会比通过 H.264 编码的视频资源减少大约 39%～44%[103]。H.265/HEVC 标准支持 4K（4096×2160）超高清视频和 8K（8192×4320）超高清视频。在该标准的支持下，越来越多的用户可以用手机、平板电脑等移动终端直接在线欣赏和观看 1080P 的全高清视频。

（5）联合视频探索小组（JVET）。

联合视频探索小组 JVET（Joint Video Exploration Team）由 VCEG 专家组和 MPEG 专家组在 2018 年成立，其目标是研究下一代视频编码压缩技术标准[104]。该小组研究制定出新一代国际视频编解码标准——多功能视频编码 VVC（Versatile Video Coding），简称 H.266/VVC，并于 2020 年 7 月发表最终标准。与之前的视频编码标准相比，H.266/VVC 在多方面表现出优秀的性能。不但完全适应日常拍摄、全景视频、会议视频、监控视频等需要，而且广泛满足电视、机顶盒、电脑、手机、平板电脑等多种移动终端的使用。此外，H.266/VVC 在保证视频资源画面效果的同时，将压缩比例提高了 50%，非常适用于当前移动互联网视频、网络直播的广泛应用。

（6）数字音视频编解码技术标准工作组。

数字音视频编解码技术标准工作组由我国国家信息产业部科学技术司于 2002 年 6 月批准成立的。该工作组建设完成我国具备自主知识产权的第二代信源编码标准——音视频编码标准 AVS（Audio Video coding Standard）[105]。从 2002 年开始着手开展第一代 AVS 标准的制订，并于 2006 年成为国家标准。随后，数字音视频编解码技术标准工作组继续跟踪技术发展，研制了第二代 AVS 标准《信息技术 高效多媒体编码》（简称 AVS2），于 2016 年成为行业标准和国家标准。AVS2 标准适用于 4K 超高清电视节目的传输与视频资源的编码。第三代 AVS3 编码标准于 2021 年研制，适用于 8K 超高清视频资源的编码及 5G 多媒体视频编码。

2. 视频封装格式

在日常生活中，我们会看到视频文件的后缀名有很多，如".mp4"".avi"".rmvb"，这些都是属于视频文件的封装格式。因为我们现在看到的大部分视频文件，除了视频数据以外，还包括音频数据、字幕以及一些图片等数据，为了将这些信息有机地组合在一起，就需要一个容器进行封装，这个容器就是视频封装格式。所以我们通常所说视频格式，实际就是视频封装格式。视频封装格式是按照一定的规则和方式，将已经编码处理的视频数据、音频数据以及字幕数据封装在一个文件中。

在计算机上，我们经常面对各种格式，如 AVI、MPG、MP4、MOV、MKV 等。AVI 是微软公司发明的一种文件格式，它在早期应用于 Windows 操作系统中，MOV 是苹果公司发明并应用在苹果系统中的一种格式，MPG 随着 VCD

的发展而出现在人们面前，MP4 是第 3 代 MPG 等[106]。

相同后缀名的视频文件的编码格式可以相同也可以不同，不能通过文件后缀名来简单辨别视频资源的编码格式，文件后缀名只能看出它的封装格式。封装格式的作用是方便应用软件识别，让应用软件能够打开视频文件，取出音频、视频、字幕等，并让它们同步播放。播放或编辑软件最终能否正常打开或编辑某种视频资源，主要取决于该视频资源的编码格式。因此，同样后缀名的文件有可能不能正常打开，打不开的文件也并不一定是损坏的文件，也有可能是播放或编辑软件对该编码格式不支持。

视频资源的编码格式与视频资源的封装格式的名称有时是一致的，例如MPEG、WMV、DIVX、XVID、RM、RMVB 等格式，既是编码格式，也是封装格式；有时编码格式与封装格式却不一致，例如 MKV 是一种能容纳多种不同类型编码的视频、音频及字幕流的"万能"视频封装格式，以".mkv"为扩展名的视频文件，可以封装多种不同编码格式的视频数据。当前业界常见的视频资源封装格式以及所支持的视频资源编码格式的对照关系，如附表7-1 所示。

附表 7-1　视频资源封装格式与编码格式的对照关系

视频封装格式	视频编码格式
AVI	MPEG-2，DIVX，XVID，WMV3，WMV4，AC-1，H.264
WMV	WMV3，WMV4，AC-1
RM/RMVB	RV40，RV50，RV60，RM8，RM9，RM10
MOV	MPEG-2，MPEG4-ASP（XVID），H.264
MKV	所有编码格式

在这里给本书使用者普及一下对视频资源比较重要的两个技术指标之间的区别和关系。视频文件的封装格式并不影响视频资源的画质，影响视频资源画面质量的关键技术是视频的编码格式。

下面介绍几种当前较为流行的视频封装格式：

（1）AVI 封装格式（后缀：.avi）。

AVI（Audio Video Interleaved）是微软公司开发的一个数字视音频文件格式[107]，支持视频和音频交错在一起同步播放，由于 AVI 视频封装格式未限定视频压缩标准，故 AVI 格式封装的视频资源文件会比较大。但是因为 AVI 封装格式适用于 Windows 系统，视频图像质量较好，因此这种格式的使用者较多，也被广大用户所熟悉。当前，为了解决视频资源封装后的大小问题，较多情况下 AVI 封装格式采用 3IVX、DIVX、VP6、XVID 等格式进行视频编码，采用 MP3、PCM、AC3 等格式进行音频编码。

（2）TS 封装格式（后缀：.ts）。

TS（Transport Stream）是一种高清音视频资源封装格式，全称是 MPEG2-TS[108]。TS 封装格式支持对视频流的任何片段都可以独立解码，具有良好的容错能力，视频播放的硬件设备较为宽泛，广泛应用于电视台、数字广播、手机等需要实时传输视频资源的领域。

（3）MPEG 封装格式（后缀：.mpeg/.mpg/.dat 等）。

MPEG 是运动图像压缩算法的国际标准，几乎所有计算机平台都支持该标准。MPEG 标准包括 MPEG-1、MPEG-2 和 MPEG-4。MPEG-1 广泛应用于 VCD 的制作，大多数 VCD 都是以 MPEG-1 格式实施视频封装。MPEG-2 应用在 DVD 的制作、HDTV（高清电视）等应用的视频封装。MPEG-4 也称 MP4，继承了 MPEG-1 以及 MPEG-2 的大部分功能及其他格式的长处，并增加了对音效、视讯、VRML 对象、数字版权管理及互动相关的功能。MP4 封装格式是一个十分开放的容器[109]，几乎可以用来描述所有的媒体结构，此外 MP4 封装格式还支持流媒体的封装，因此目前 MP4 封装格式被广泛应用于封装 H.264 视频和 AAC 音频，可以看作是高清视频的封装格式代表。此外，因为 MP4 封装格式具有较好的适用性，可以支持多种类型的终端、多种类型的播放器，MP4 封装的视频文件既可以在 PC 平台的 Flash Player 软件中播放，又可以在 Android、iOS 等移动平台中播放。因此，在互联网视频资源中，MP4 封装文件跨平台表现性最好。

（4）RM/RMVB 封装格式（后缀：.rm/.rmvb）。

RM 封装格式是由 RealNetworks 公司开发的适用于流媒体视频封装的格式[110]。这种格式可以根据网络数据传输速率的不同，采用与网络传输速率相匹配的压缩比率，进而实现视频资源在网络中的实时传送、实时播放，在日常视频资源服务中可以提供边下载边播放的视频资源服务。

（5）MOV 封装格式（后缀：.mov）。

MOV（QuickTime Movie）封装格式是由苹果公司开发的视音频资源封装容器，适用于存储常见的数字视频文件、数字音频文件，具有跨平台适用性强、存储空间要求小、纠错能力良好等技术特点。此外，MOV 封装格式可以支持 1080P 高清数字视频文件的封装。

（6）FLV 封装格式（后缀：.flv）。

FLV（Flash Video）是 Adobe 公司设计和开发的流媒体格式[111]，具备视频文件体积小、视频质量好、封装简单等特点。可以使用网络上使用广泛的 Flash Player 进行播放，FLV 格式的视频播放非常简单和便捷，目前已经成为较多视频服务网站使用的流媒体视频封装格式。

参考文献

［1］国家数字图书馆工程标准规范[S/OL]. [2020-03-05]. http://www.nlc.cn/
newstgc/gjsztsggc/bzgf/.

［2］数字图书馆推广工程标准规范[S/OL]. [2020-03-05]. http://www.ndlib.cn/
bzgfjs2012/201201/t20120113_58038.htm.

［3］图标委成立以来立项标准一览表[EB/OL]. [2020-04-05]. http://www.nlc.
cn/tbw/bzwyh_bzhxd_1.htm.

［4］International Federation Of Library Associations and Institutions（IFLA）
[EB/OL]. [2020-03-05]. https://www.ifla.org.

［5］International Federation of Film Archives（FIAF）[EB/OL]. [2020-03-05].
https://www.fiafnet.org.

［6］International Association Of Sound and Audiovisual Archives（IASA）
[EB/OL]. [2020-03-05]. https://www.iasa-web.org.

［7］Association for Recorded Sound Collections（ARSC）[EB/OL]. [2020-03-05].
http://www.arsc-audio.org/index.php.

［8］American Library Association [EB/OL]. [2020-03-05]. https://www. ala.org.

［9］国际图联. 国际标准书目著录（ISBD）:2011 年统一版[M]. 顾犇，译. 北
京：国家图书馆出版社，2012.

[10] HARRISON H W. The FIAF cataloguing rules for film archives [M/OL].
[2020-03-05]. https://www.fiafnet.org/images/tinyUpload/E-Resources/Commission-
And-PIP-Resources/CDC-resources/FIAF_Cat_Rules.pdf.

[11] Jizba, Laurel. Guidelines for bibliographic description of interactive
multimedia[M]. Chicago: American Library Association, 1994.

[12] Joint Steering Committee for Revision of AACR. Anglo-American cataloguing rules[M]. 2nd ed. Chicago: American Library Association, 2005.

[13] Miliano M. The IASA Cataloguing Rules (IASA 1999) [EB/OL]. [2020-03-05]. https://www.iasa-web.org/cataloguing-rules.

[14] International Federation of Library Associations and Institutions (IFLA). ISBD(NBM): International Standard Bibliographic Description for Non-Book Materials[M/OL]. [2020-03-05]. https://cdn.ifla.org/wp-content/uploads/2019/05/assets/ cataloguing/isbd/isbd-nbm_1987.pdf.

[15] AudioMD and VideoMD-Technical Metadata for Audio and Video[EB/OL]. [2020-06-03]. https://www.loc.gov/standards/amdvmd/index.html.

[16] ViDe User's Guide: Dublin Core Application Profile for DigitalVideo [EB/OL]. [2020-07-17]. https://www.academia.edu/917672/ViDe_Users_Guide_Dublin_Core_Application_Profile_for_Digital_Video.

[17] Federal Agencies Digitization Guidelines Initiative [EB/OL]. [2020-03-05]. http://www.digitizationguidelines.gov.

[18] Rangcr J. BWF MetaEdit[EB/OL]. [2020-07-17]. https://www.weareavp.com/products/bwf-metaedit/.

[19] Moving Picture Experts Group (MPEG) [EB/OL]. [2020-03-05]. https:// www. techopedia.com/definition/902/moving-picture-experts-group-mpeg.

[20] EUscreen[EB/OL]. [2020-07-18]. https://www.euscreen.org.

[21] EBU Core Metadata Set (EBUCore) TECH 3293[EB/OL]. [2020-07-17]. https://tech.ebu.ch/docs/tech/tech3293.pdf.

[22] EUscreen[EB/OL]. [2020-07-17]. http://euscreen.eu/about.html.

[23] Oesterlen E M. EUscreen and Metadata: Data Management and exchange of audiovisual content online[EB/OL]. [2020-07-17]. http://blog.euscreen.eu/wp-content/uploads/2019/01/EUscreen-and-Metadata.pdf.

[24] The Musical Brain[EB/OL]. [2020-03-05]. http://themusicalbrain.org.

[25] 全国信息与文献标准技术委员会. 文献著录 第 4 部分：非书资料： GB/T 3792.4—2009 [S]. 北京：中国标准出版社，2010：3.

[26] 全国信息与文献标准技术委员会.文献著录 第 9 部分：电子资源：GB/T 3792.4—2009 [S]. 北京：中国标准出版社，2009：9.

[27] 全国广播电视标准化技术委员会. 广播电视音像资料编目规范 第 1 部分：电视资料：GY/T 202.1—2004 [S]. 北京：国家广播电视总局，2004： 10.

[28] 全国广播电视标准化技术委员会. 广播电视音像资料编目规范 第 2 部分：音频资料：GY/T 202.2—2016[S]. 北京：国家广播电视总局，2016： 2.

[29] 王绍平，郑巧英，孙华，等. 图像与视频元数据规范现状与发展趋势研究[R]. 上海：上海交通大学，2007.

[30] 大学数字图书馆国际合作计划（CADAL）项目管理中心. 音频资料描述元数据规范：CADAL 10224—2012[S]. 北京：CADAL 项目管理中心，2012：5.

[31] 王胜清，周晨，罗云川. 国家图书馆音频资源元数据规范与著录规则[M]. 国家图书馆出版社，2014.

[32] 段明莲，周晨，琚存华. 国家图书馆视频资源元数据规范和著录规则[M]. 国家图书馆出版社，2014.

[33] 李宏. 国家公共文化数字支撑平台数字资源标准规范[M]. 北京：国家图书馆出版社，2017.

[34] 大学数字图书馆国际合作计划（CADAL）项目管理中心. 视频资料元数据规范与著录规则：CADAL 10226—2012[S]. 北京：CADLE 项目管理中心，2012.

[35] 肖珑，赵亮. 中文元数据概论与实例[M]. 北京：北京图书馆出版社，2007.

[36] 沈芸芸. MARC-基本元数据映射[R/OL].（2005-12）[2020-04-05]. http://ir.

las.ac.cn/handle/12502/4829.

[37] 宋文, 傅红梅, 朱庆华, 等. 其他元数据到基本元数据的映射规则[R/OL]. （2005-12）[2020-04-05]. http://ir.las.ac.cn/handle/12502/4883.

[38] MIC核心数据元素表[EB/OL]. [2020-04-05]. https://category.alldatasheetcn. com/index.jsp?components=MIC.

[39] 中国标准研究中心. 标准化工作指南 第1部分：标准化和相关活动的通用词汇：GB/T 20000.1—2002[S]. 北京：中国标准出版社，2002：6.

[40] International Organization for Standardization[EB/OL]. [2020-07-01]. https:// www.iso.org/home.html.

[41] INTERNATIONAL ELECTROTECHNICAL COMMISSION[EB/OL]. [2020-07-01]. https://www.iso.org/organization/70.html.

[42] ISO/IEC JTC 1[EB/OL]. [2020-07-01]. https://www.iso.org/committee/45020. html.

[43] ISO/IEC 13818-2:2013[S/OL]. [2021-07-01]. https://www.iso.org/standard/ 61152.html.

[44] ISO/IEC 13818-3:1998[S/OL]. [2021-07-01]. https://www.iso.org/standard/ 26797.html.

[45] About IASA[EB/OL]. [2021-04-05]. https://www.iasa-web.org/about-iasa.

[46] Guidelines on the Production and Preservation of Digital Audio Objects [EB/OL].[2021-04-05]. https://www.iasa-web.org/tc04/audio-preserratim.

[47] Handling and Storage of Audio and Video Carriers[S/OL]. [2021-04-05]. https://www.iasa-web.org/tc05/handling-storage-audio-video-carriers.

[48] About-Federal Agencies Digitization Guidelines Initiative[EB/OL]. [2021-04-05]. https://www.digitizationguidelines.gov/about/.

[49] Guidelines: MXF Application Specification[EB/OL]. [2021-04-10]. https:// www.digitizationguidelines.gov/guidelines/MXF_app_spec.html.

[50] Guidelines: Embedding Metadata in DPX Files[EB/OL]. [2021-04-10].

https://www.digitizationguidelines.gov/guidelines/digitize-DPXembedding.html.

[51] Digitizing Motion Picture Film: Exploration of the Issues and Sample SOW [EB/OL]. [2021-04-10]. https://www.digitizationguidelines.gov/guidelines/Filmscan_PWS-SOW_20160418.pdf.

[52] Guidelines for Embedding Metadata in Broadcast WAVE Files[M/OL]. [2021-04-10]. https://www.digitizationguidelines.gov/audio-visual/documents/BWF_Embed_Guideline_v3_2021.pdf.

[53] Audio Analog-to-digital Converter Performance Specification and Test Method Guideline (Low Cost)[M/OL]. [2021-04-10]. https://www. digitizationguidelines. gov/audio-visual/documents/ADC_Low_Cost_performGuide_2017-09-30.pdf.

[54] Audio Analog-to-Digital Converters Performance Specification and Test Method Guideline(High Level Performance)[M/OL]. [2021-04-10]. https://www.digitizationguidelines.gov/audio-visual/documents/ADC_performGuide_v1-1_20160216.pdf.

[55] Creating and Archiving Born Digital Video[EB/OL]. [2021-04-10]. https://www.digitizationguidelines.gov/guidelines/video_bornDigital.html.

[56] Current IFLA Standards[EB/OL]. [2021-05-20]. http://www.ifla.org/node/8750.

[57] Audiovisual and Multimedia Section: Guidelines for Audiovisual and Multimedia Materials in Libraries and other Institutions[EB/OL]. [2021-05-20]. http://www.ifla.org/VII/s35/pubs/avm-guidelines04.htm.

[58] 邵燕. 美国数字图书馆标准建设及启示[J]. 数字图书馆论坛，2016（09）：2-8.

[59] 全国图书馆标准技化技术委员会. 图书馆馆藏资源数字化加工规范 第4部分：音频资源：GB/T 31219.4—2014[S]. 北京：中国标准出版社，2014.

[60] 全国图书馆标准技化技术委员会. 图书馆馆藏资源数字化加工规范 第 5 部分：视频资源：GB/T 31219.5—2016 [S]. 北京：中国标准出版社，2016.

[61] 全国信息标准化技术委员会. 信息技术 运动图像及其伴音信息的通用编码 第 2 部分：视频：GB/T 17975.2—2000[S]. 北京：中国标准出版社，2000.

[62] 全国信息标准化技术委员会. 信息技术 运动图像及其伴音信息的通用编码 第 3 部分：音频：GB/T 17975.3-2002[S]. 北京：中国标准出版社，2002.

[63] 全国信息技术标准化技术委员会. 信息技术 高效多媒体编码 第 3 部分：音频：GB/T 33475.2—2018[S]. 北京：中国标准出版社，2018.

[64] 全国信息技术标准化技术委员会. 信息技术 高效多媒体编码 第 2 部分：视频：GB/T 33475.2—2016[S]. 北京：中国标准出版社，2016.

[65] 全国新闻出版标准委员会. 有声读物 第 1 部分：录音制作：CY/T 183.1—2019[S]. 北京：中国标准出版社，2019：6.

[66] 朱强，张春红，龙伟. 国家图书馆视频数据加工标准和操作指南[M]. 北京：国家图书馆出版社，2011.

[67] 全国文化信息资源共享工程视频资源数字化加工格式规范 V2.0 [EB/OL]. [2021-04-10]. http://www.library.hn.cn/gxgc/gxgc_gg/201112/P020111230363097195746.pdf.

[68] 数字图书馆推广工程—文件下载[EB/OL]. [2021-04-10]. http://www.ndlib.cn/cswjxz/.

[69] 科普：视频分辨率是什么？ [EB/OL]. [2020-04-05]. https://www.reneelab.com.cn/m/2k-4k-video-resolution.html.

[70] 视频帧率[EB/OL]. [2020-04-05]. https://baike.baidu.com/item/%E8%A7%86%E9%A2%91%E5%B8%A7%E7%8E%87.

[71] 视频码率[EB/OL]. [2020-04-05]. https://baike.baidu.com/item/%E8%A7%

86%E9%A2%91%E7%A0%81%E7%8E%87.

[72] MXF[EB/OL]. [2020-04-05]. https://baike.baidu.com/item/MXF.

[73] Moving Picture Experts Group[EB/OL]. [2020-04-05]. https://www.sciencedirect. com/topics/engineering/moving-picture-experts-group.

[74] WMV[EB/OL]. [2020-04-05]. https://baike.baidu.com/item/WMV/1195900? fr=aladdin.

[75] 多媒体文件格式（四）：TS 格式[EB/OL]. [2020-04-05]. http://wjhsh.net/ renhui-p-10362640.html.

[76] 朱强，张春红，龙伟. 国家图书馆视频数据加工标准和操作指南[M]. 北京：国家图书馆出版社，2011.

[77] 音频采样率 [EB/OL]. [2020-04-07]. https://baike.baidu.com/item/%E9% 9F%B3%E9%A2%91%E9%87%87%E6%A0%B7%E7%8E%87/9023551?fr =aladdin.

[78] 音频的关键参数详解 [EB/OL]. [2020-04-07]. https://blog.csdn.net/tong 5956/article/details/78711168.

[79] 胡桂花. 数字图书馆关键技术——视频编码综述[J]. 情报探索，2012，000（010）：88-90.

[80] 郑巧英. 国家图书馆管理元数据规范和应用指南[M]. 北京：国家图书馆出版社，2010.

[81] 姜爱蓉. 国家数字图书馆长期保存元数据规范与应用指南[M]. 北京：国家图书馆出版社，2014.

[82] 徐周亚，龙伟. 国家图书馆数字资源对象管理规范[M]. 北京：国家图书馆出版社，2013.

[83] 肖珑，申晓娟.国家图书馆元数据应用总则规范汇编[M]. 北京：国家图书馆出版社，2011.

[84] 全国信息技术标准化技术委员会.信息技术 元数据注册系统（MDR）第3 部分：注册系统元模型与基本属性：GB/T 18391.3—2009[S]. 北京：

中国国家标准化管理委员会，2009：9.

[85] Powell A, Johnston P. Guidelines for implementing Dublin Core™ in XML [EB/OL]. [2020-12-30]. http://dublincore.org/specifications/dublin-core/dc-xml-guidelines/.

[86] 赵丰. 丝绸之路与丝路之绸[EB/OL]. [2020-12-30]. http://open.nlc.cn/onlineedu/course/detail/show/course.htm?courseid=3849.

[87] 国际标准书目著录（ISBD）：2011 年统一版[M]. 北京：国家图书馆出版社，2012.

[88] Cox S, Iannella R. DCMI DCSV[EB/OL]. [2020-12-30]. https://www.dublincore.org/specifications/dublin-core/dcmi-dcsv/.

[89] DCMI Metadata Terms[EB/OL]. [2020-12-30]. https://www.dublincore.org/specifications/dublin-core/dcmi-terms/.

[90] 国家图书馆. 新版中国机读目录格式使用手册[M]. 北京：北京图书馆出版社，2004.

[91] 数字图书馆推广工程 2017 年度数字资源联合建设（首批）标准规范[EB/OL]. [2021-12-30]. http://www.ndlib.cn/cswjxz/.

[92] 国之重器：青铜器的收藏与鉴赏[EB/OL]. [2021-12-30]. http://open.nlc.cn/onlineedu/course/detail/lesson/list.htm?courseid=5307.

[93] 中国互联网络信息中心. 第44次中国互联网络发展状况统计报告[R/OL]. (2019-8)[2021-12-30]. http://www.cac.gov.cn/pdf/20190829/44.pdf.

[94] 爱奇艺技术分享[EB/OL]. [2021-10-07]. https://blog.csdn.net/hellojackjiang2011/article/details/106679520?utm_medium=distribute.pc_relevant.none-task-blog-2~default~baidujs_utm_term~default-1.pc_relevant_default&spm=1001.2101.3001.4242.2&utm_relevant_index=4.

[95] 丁荣格. 音频编码技术在数字化传输中的应用[J]. 计算机与网络，2013，39(13): 50-52.

[96] 音频编码[EB/OL]. [2021-11-02]. https://baike.sogou.com/v319541.htm?

fromTitle=%E9%9F%B3%E9%A2%91%E7%BC%96%E7%A0%81.

[97] 张杨. 音频编码技术及广播电台数字编码压缩传输系统建设[J]. 科技传播，2015，7(11): 113-115.

[98] 罗天. 再谈新媒体音频格式[J]. 西部广播电视，2016(18): 2.

[99] 高平. 媒体融合背景下视频格式的特点及选取[J]. 电视技术，2021，45(10): 72-75.

[100] 音视频编解码标准简介 [EB/OL]. [2021-11-02]. https://blog.csdn.net/fengbingchun/article/details/89764388?spm=1001.2101.3001.6650.8&utm_medium=distribute.pc_relevant.none-task-blog-2%7Edefault%7EBlogCommendFromBaidu%7ERate-8.pc_relevant_default&depth_1-utm_source=distribute.pc_relevant.none-task-blog-2%7Edefault%7EBlogCommendFromBaidu%7ERate-8.pc_relevant_default&utm_relevant_index=9.

[101] HEVC/H.265 与 AVC/H.264 对比总结[EB/OL]. [2022-01-10]. https://blog.csdn.net/feixiang_john/article/details/7822830?spm=1001.2101.3001.6650.10&utm_medium=distribute.pc_relevant.none-task-blog-2%7Edefault%7ECTRLIST%7ERate-10.pc_relevant_default&depth_1-utm_source=distribute.pc_relevant.none-task-blog-2%7Edefault%7ECTRLIST%7ERate-10.pc_relevant_default&utm_relevant_index=11.

[102] HEVC、H.264 与 AVS2 视频压缩[EB/OL].[2022-01-10]. https://blog.csdn.net/qq_43289994/article/details/110920043?spm=1001.2101.3001.6650.14&utm_medium=distribute.pc_relevant.none-task-blog-2%7Edefault%7EBlogCommendFromBaidu%7ERate-14.pc_relevant_default&depth_1-utm_source=distribute.pc_relevant.none-task-blog-2%7Edefault%7EBlogCommendFromBaidu%7ERate-14.pc_relevant_default&utm_relevant_index=15.

[103] HEVC（H.265）与 AVC（H.264）的区别与联系[EB/OL]. [2022-01-10]. https://www.jianshu.com/p/0845334b16dc.

[104] 刘小卉. 新一代视频编码标准 VVC/H.266 及其编码体系发展历程[J].

现代电视技术，2021(3): 4.

[105] 马思伟. AVS 视频编码标准技术回顾及最新进展[J]. 计算机研究与发展，2015，52(1): 11.

[106] 李理. 常用视频格式的浅析与转换[J]. 影视制作，2018，24(03): 58-62.

[107] AVI[EB/OL]. [2022-01-10]. https://baike.baidu.com/item/AVI/213655?fr= aladdin.

[108] TS 文件[EB/OL]. [2022-01-10]. https://baike.baidu.com/item/TS%E6%96% 87%E4%BB%B6/9554188.

[109] 多媒体文件格式（一）：MP4 格式[EB/OL]. [2022-01-10]. https://www. cnblogs.com/renhui/p/10341555.html.

[110] rm（视频容器文件格式）[EB/OL]. [2022-01-10]. https://baike.baidu.com/ item/rm/771.

[111] flv[EB/OL]. [2022-01-10]. https://baike.baidu.com/item/flv/6623513.